100 skanių blynų ir blynų receptų

100 PUIKŲ IR ĮVAIRIAUSIŲ KREPINIŲ IR BLYNŲ RECEPTŲ

Arūnas Gulbinas

TURINYS

ĮVADAS

Blynai ir blynai yra mėgstami pusryčių patiekalai, kuriais galima mėgautis įvairiais būdais. Nuo saldžių iki pikantiškų, juos galima užpildyti įvairiais ingredientais ir pagardinti mėgstamais priedais. Dėl subtilios ir plonos tekstūros blyneliai puikiai tinka lengviems pusryčiams ar desertui, o blynai yra klasikinis pusryčių patiekalas, kurio puri tekstūra tikrai patiks.

Purus, saldus, pikantiškas, universalus, skanus, priešpiečiai, pusryčiai, paprasti, greiti, tinkami šeimai, klasikiniai, jaukūs, kūrybingi, naminiai, tradiciniai, tarptautiniai, vaisiai, šokoladas, nutella, cinamonas, mėlynės, bananai, obuoliai, citrina, Sūris, šoninė, dešra, kumpis, špinatai, grybai, feta, rikota, plakta grietinėlė, sirupas, medus, uogienė, pasukos, be glitimo, be pieno, vegetariškas, veganiškas, sveikas, atpalaiduojantis, įspūdingas, tobulas, patarimai, gudrybės

Nesvarbu, ar ieškote paprasto ir klasikinio recepto, ar kažko šiek tiek kūrybiškesnio, yra daugybė pasirinkimų. Taigi, pradėkime gaminti maistą ir tyrinėkime keletą skanių blynų ir blynų receptų!

KRÊPES

1. Mėlynių-citrinų blyneliai

Padaro: 6 porcijos

INGRIDIENTAI:
- 3 uncijų pakuotė suminkštinto kreminio sūrio
- 1½ puodelio pusė su puse
- 1 valgomasis šaukštas citrinos sulčių
- 3¾ pakuotės greito citrininio pudingo mišinio
- ½ puodelio sausainių kepimo mišinio
- 1 kiaušinis, sumuštas
- 6 šaukštai pieno
- 1 puodelis mėlynių pyrago įdaro

INSTRUKCIJOS:
a) Dubenyje sumaišykite grietinėlės sūrį, pusę ir pusę, citrinos sultis ir sausą pudingą.

b) Plakite elektriniu plaktuvu mažu greičiu 2 minutes.

c) Šaldykite 30 minučių. Lengvai sutepkite 6 colių keptuvę ir padėkite ant vidutinės-stiprios ugnies.

d) Dubenyje sumaišykite biskvito kepimo mišinį, kiaušinį ir pieną. Plakite iki vientisos masės.

e) Į keptuvę supilkite 2 šaukštus tešlos kiekvienam blyneliui.

f) Greitai sukdami keptuvę, leiskite tešlai padengti keptuvės dugną.

g) Kiekvieną blynelį kepkite iki šviesiai auksinės spalvos, tada apverskite ir vėl kepkite iki auksinės spalvos.

h) Ant kiekvieno blynelio uždėkite po 2 šaukštus kreminio sūrio mišinio ir susukite.

i) Ant viršaus uždėkite likusio kreminio sūrio mišinio ir pyrago įdarą.

2. Kriaušių blyneliai su makadamijos sūriu

Padaro: 8 dideli blyneliai

INGRIDIENTAI:

KRÊPES

● 2 šaukštai alyvuogių aliejaus, dar daugiau keptuvės patepimui

● 1½ puodelio universalių miltų be glitimo

● 1½ stiklinės migdolų pieno

● 2 šaukštus smulkiai sumaltų linų sėmenų išplakite į 6 šaukštus vandens

● 1 arbatinis šaukštelis soda

● Žiupsnelis nerafinuotos jūros druskos

KARDAMINIŲ KRIAUŠIŲ TARPAS

● 4 vidutinės kriaušės, išimtos šerdies ir supjaustytos griežinėliais

● Žiupsnelis malto kardamono

● ½ puodelio filtruoto vandens, padalintas

● 2 šaukštai ekologiško cukranendrių cukraus

● 1 valgomasis šaukštas tapijokos miltų

KREMINIO SŪRIO UŽTARAS

● Makadamijos kreminis sūris

INSTRUKCIJOS:

a) Krepų tešlai dideliame dubenyje sumaišykite 2 šaukštus aliejaus, miltus, migdolų pieną, linų sėmenų ir vandens mišinį, kepimo soda ir druską ir išplakite.

b) Į didelę keptuvę ant vidutinės ugnies įpilkite tiek aliejaus, kad pateptumėte visą keptuvės dugną, ir supilkite tiek krepų tešlos, kad keptuvė plonai pasidengtų. Virkite maždaug 1 minutę arba tol, kol išnyks burbuliukai, ir apverskite. Pakartokite su likusia tešla, kol tešla baigsis.

c) Užpilui į vidutinę keptuvę ant mažos arba vidutinės ugnies sudėkite kriaušes, kardamoną ir ¼ puodelio vandens. Virkite maždaug 5 minutes arba kol kriaušės šiek tiek suminkštės. Mažame stikliniame dubenyje sumaišykite likusį ¼ puodelio vandens, cukraus ir tapijokos, kol jie gerai susimaišys.

d) Cukraus ir tapijokos mišinį supilkite į kriaušes, nuolat maišydami. Leiskite virti dar minutę arba kol padažas sutirštės.

e) Ant kiekvieno blynelio užpilkite ⅛ kriaušių mišinio ir ⅛ makadamijos kreminio sūrio. Patiekite iš karto.

3. Braškių blyneliai

Padaro: 6 porcijos

INGRIDIENTAI:
- Sviestas blynėms kepti
- 3 dideli kiaušiniai
- ⅔ puodelio riebios grietinėlės
- 3 šaukštai Dr. Atkins Bake Mix
- 4 šaukštai cukraus pakaitalo
- ⅛ arbatinio šaukštelio migdolų ekstrakto
- ¼ arbatinio šaukštelio vanilės ekstrakto
- ½ arbatinio šaukštelio tarkuotos apelsino žievelės

BRAŠKIŲ Įdaras:
- 2 stiklinės braškių, nuplautos, lukštentos ir supjaustytos
- 6 šaukštai Sugar Twin cukraus pakaitalas

INSTRUKCIJOS:
a) Paruoškite sunkią 8 colių keptuvę arba blynelių keptuvę su įkaitintu sviestu. Dubenyje suplakite visus krepų ingredientus.

b) Kai sviestas nustos putoti, į keptuvę supilkite 1/6 kreminio mišinio ir įsitikinkite, kad dugnas tolygiai padengtas.

c) Kepkite, kol apačia paruduos, o viršus sustings. Mentele apverskite kremą ir apkepkite kitą pusę. Baigę perkelkite ant popierinio rankšluosčio.

d) Pakartokite šią procedūrą su likusia tešla ir sviestu.

e) Tada pasigaminkite įdarą sumaišydami braškes su cukraus pakaitalu ir po šaukštą maždaug po 1 mišinį ant kiekvieno blynelio.

f) Pagal skonį įpilkite šviesiai plaktos grietinėlės ir papuoškite likusiomis braškėmis.

4. Blynai su slyvų sviestu

Gamina: 4

INGRIDIENTAI:

- 355 ml skardinės sodos
- 1,5 stiklinės augalinio pieno
- 2 šaukštai rapsų aliejaus
- 2 puodeliai AP miltų
- žiupsnelis druskos
- aliejaus keptuvės patepimui
- slyvų sviesto įdarui

INSTRUKCIJOS:

a) Dubenyje sumaišykite visus ingredientus, išskyrus aliejų ir slyvų sviestą.

b) Įkaitinkite keptuvę ant stiprios ugnies 2–4 minutes arba kol labai įkais.

c) Lengvai aptepę keptuvę aliejumi, sumažinkite ugnį iki vidutinės.

d) Į keptuvę supilkite ploną tešlos sluoksnį ir tolygiai paskirstykite per dugną.

e) Apverskite blynelį, kai tik kraštai ims nulupti nuo keptuvės ir kepkite dar minutę ar dvi.

f) Perkelkite blynelius į lėkštę ir atidėkite kelioms minutėms atvėsti.

g) Uždenkite juos nedideliu kiekiu slyvų sviesto ir susukite arba sulenkite į trikampį.

5. Bananų kremas

Padaro: 6 porcijos

INGRIDIENTAI:
- 4 bananai, padalytas naudojimas
- 8 uncijų grietinėlės karamelės indelis
- Aromatintas jogurtas
- ½ puodelio plaktos grietinėlės arba šaldytos
- Nepieninis plaktas užpilas,
- Atšildytas, plius papildomai už
- Papuošti
- 6 paruošti blyneliai
- Klevų arba šokolado sirupas

INSTRUKCIJOS:
a) Į virtuvinį kombainą arba trintuvą sudėkite 2 bananus ir sutrinkite iki vientisos masės.

b) Įpilkite jogurto, išmaišykite. Įmaišykite plaktą užpilą.

c) Likusius bananus supjaustykite monetomis. Atidėkite į šalį, 12 griežinėlių užpilui.

d) Ant kiekvienos patiekimo lėkštės dėkite blynelių: jogurto mišinį paskirstykite ant kiekvieno blynelio.

e) Padalinkite likusias bananų skilteles ir plaktą grietinėlę arba užpilą.

f) Kiekvieną blynelį apšlakstykite sirupu.

6. Vyšnių blyneliai

Padaro: 10 porcijų

INGRIDIENTAI:
- 1 stiklinė grietinės
- ⅓ puodelio rudojo cukraus, tvirtai supakuotas
- 1 puodelis sausainių mišinio
- 1 Kiaušinis
- 1 puodelis Pieno
- 1 skardinė Vyšnių pyrago įdaras
- 1 arbatinis šaukštelis Apelsinų ekstraktas

INSTRUKCIJOS:
a) Sumaišykite grietinę ir rudąjį cukrų ir atidėkite. Sumaišykite sausainių mišinį, kiaušinį ir pieną.

b) Išmaišykite iki vientisos masės. Įkaitinkite aliejumi pateptą 6 colių keptuvę.

c) Vienu metu kepkite 2 šaukštus sausainių mišinio, kol šviesiai paruduos, apverskite ir paruduos.

d) Į kiekvieną blynelį įpilkite grietinės mišinio. Suvynioti.

e) Į kepimo indą įdėkite siūlę žemyn. Supilkite vyšnių pyrago įdarą.

f) Kepkite 350 ~ 5 minutes. Ant blynelių užpilkite apelsinų ekstrakto ir pakaitinkite, kad patiektumėte.

7. Kumquat-pekano blyneliai

Gamina: 1 partija

INGRIDIENTAI:

- ½ puodelio Konservuoto kumquat
- 3 dideli kiaušiniai
- 1½ puodelio pekano riešutų, supjaustytų kubeliais
- ¾ puodelio cukraus
- ¾ puodelio sviesto, kambario temp
- 3 šaukštai konjako
- ½ puodelio pekano riešutų, supjaustytų kubeliais
- ¼ puodelio cukraus
- ¼ puodelio sviesto, lydytas
- ½ puodelio konjako

INSTRUKCIJOS:

UŽPILDYMUI:

a) Sėklos, susmulkinkite ir išdžiovinkite kumquatus, palikdami ⅓ puodelio kumquat sirupo.

b) Sumaišykite kiaušinius, 1½ puodelio pekano riešutų, ¾ puodelio cukraus, ¾ puodelio sviesto, kumquatus ir 3 šaukštus konjako trintuve ir gerai išmaišykite įjungdami / išjungdami. Pasukite į dubenį.

c) Uždenkite ir užšaldykite mažiausiai 1 valandą.

SURINKTI:

d) Gausiai ištepkite sviestu du 7x11 colių kepimo indus.

e) ⅓ puodelio įdaro pasilikti padažui. Užpildykite kiekvieną blynelį maždaug 1,5–2 šaukštais įdaro. Roll Crêpes up cigarų mada.

f) Išdėliokite siūle žemyn vienu sluoksniu paruoštuose kepimo induose.

g) Įkaitinkite orkaitę iki 350 laipsnių. Pabarstykite blynelius likusiais pekano riešutais ir cukrumi ir apšlakstykite lydytu sviestu.

h) Kepkite, kol pradės burbuliuoti, apie 15 minučių.

i) Tuo tarpu nedideliame puode sumaišykite ⅓ puodelio rezervuoto įdaro, 2 šaukštus konjako ir ⅓ puodelio rezervuoto kumquat sirupo ir užvirinkite ant silpnos ugnies.

j) Likusį konjaką pašildykite nedideliame puode.

k) Patiekdami išdėliokite blynelius ant lėkštės ir užpilkite padažu. Uždekite konjaką ir užpilkite ant viršaus, purtydami lėkštę, kol liepsna nurims. Patiekite iš karto.

8. Tropinių vaisių blyneliai

Padaro: 4 porcijos

INGRIDIENTAI:
- 4 uncijos paprastų miltų, išsijotų
- 1 žiupsnelis druskos
- 1 arbatinis šaukštelis cukraus pudros
- 1 kiaušinis, plius vienas trynys
- ½ pinto pieno
- 2 šaukštai lydyto sviesto
- 4 uncijos cukraus
- 2 šaukštai brendžio arba romo
- 2½ puodelio tropinių vaisių mišinio

INSTRUKCIJOS:
a) Norėdami pagaminti Crêpe tešlą, į dubenį suberkite miltus, druską ir cukraus pudrą ir išmaišykite.

b) Palaipsniui įmuškite kiaušinius, pieną ir sviestą. Palikite pastovėti mažiausiai 2 valandas.

c) Įkaitinkite šiek tiek riebalais pateptą keptuvę, išmaišykite tešlą ir naudokite 8 blynelių formavimui. Laikyti šiltai.

d) Norėdami pagaminti įdarą, tropinių vaisių mišinį sudėkite į puodą su cukrumi ir švelniai kaitinkite, kol cukrus ištirps.

e) Užvirinkite ir kaitinkite, kol cukrus karamelizuosis. Įpilkite brendžio.

f) Užpildykite kiekvieną blynelį vaisiais ir nedelsdami patiekite su grietinėle arba creme fraiche.

9. Citrininiai blyneliai

Padaro: 6 porcijos

INGRIDIENTAI:
- 1 didelis kiaušinis
- ½ puodelio Pieno
- ¼ puodelio universalių miltų
- 1 arbatinis šaukštelis Cukrus
- 1 arbatinis šaukštelis tarkuotos citrinos žievelės
- 1 žiupsnelis druskos
- Sviestas arba aliejus keptuvei

CITRINŲ PADAŽAS:
- 2 puodeliai Vandens
- 1 puodelis Cukraus
- 2 citrinos, plonai supjaustytos popieriniais griežinėliais, be sėklų

KREMINIŲ ĮDAŽAS:
- 1 stiklinė riebios grietinėlės, šalta
- 2 arbatiniai šaukšteliai Cukrus
- 1 arbatinis šaukštelis vanilės ekstrakto

INSTRUKCIJOS:
KRÊPE TEŠLA:
a) Vidutiniame dubenyje lengvai išplakite kiaušinį ir pieną.
b) Suberkite miltus, cukrų, citrinos žievelę, druską ir išplakite iki vientisos masės.
c) Šaldykite uždengtą mažiausiai 2 valandas arba per naktį.

CITRINŲ PADAŽAS:
d) Vidutiniame puode kaitinkite vandenį ir cukrų, kol cukrus ištirps.
e) Sudėkite citrinos griežinėlius ir troškinkite 30 minučių. Atvėsinkite iki kambario temperatūros.

GAMYKITE KREPUS:
f) Ant 6 colių nepridegančios keptuvės sutepkite sviesto arba aliejaus plonu sluoksniu.
g) Įkaitinkite keptuvę ant vidutinės-stiprios ugnies.
h) Supilkite 2 šaukštus Crêpe tešlos ir greitai pakreipkite keptuvę, kad tešla tolygiai pasiskirstytų.

i) Kepkite, kol dugnas taps auksinis, o kraštas atsitrauks nuo keptuvės šono, apie 3 minutes.

j) Apverskite Crêpe ir kepkite antrąją pusę apie 1 minutę.

k) Leiskite atvėsti lėkštėje ir pakartokite su likusia tešla, kad iš viso gautumėte 8 blynelius.

l) Prieš patiekdami pasigaminkite grietinėlės įdarą: plakite mikserio dubenyje grietinėlę, cukrų ir vanilę, kol susidarys standžios smailės.

m) Ant kiekvienos desertinės lėkštės sudėkite 2 blynelius auksine puse žemyn.

n) Ant kiekvieno blynelio uždėkite grietinėlės įdaro ir susukite, užlenkite kraštus ir išdėliokite lėkštes siūle žemyn.

o) Kiekvieną porciją užpilkite ¼ puodelio citrinų padažo ir patiekite iš karto.

10. Blyneliai su Chablis vaisių padažu

Padaro: 4 porcijos

INGRIDIENTAI:

- 3 Kiaušiniai
- 1 puodelis lieso pieno
- 1 puodelis Miltų
- ⅛ arbatinio šaukštelio druskos
- Virimo purškalas
- ½ puodelio Chablis vyno
- ¼ puodelio vandens
- ¼ puodelio cukraus
- 1 valgomasis šaukštas kukurūzų krakmolo
- ¾ puodelio Šviežių arba šaldytų braškių
- ½ puodelio kubeliais pjaustytų apelsinų skilčių
- 1 valgomasis šaukštas Vanduo
- 4 Lovers Crêpes

INSTRUKCIJOS:

a) Sumaišykite pirmuosius 4 ingredientus ir maišykite mažu greičiu maždaug minutę. Nubraukite šonus ir gerai išmaišykite iki vientisos masės.

b) Leiskite pastovėti 30 minučių. 6½ colio omleto arba keptuvės dugną padenkite kepimo purkštuvu.

c) Įkaitinkite keptuvę ant silpnos ugnies.

d) Supilkite apie 3 šaukštus tešlą pakreipiančios ir sukamosios keptuvės, kad tešla tolygiai pasiskirstytų.

e) Kepkite, kol apačia lengvai apskrus – apverskite ir apkepkite kitą pusę.

f) Norėdami suvynioti blynelius, atskirtus vaškiniu popieriumi, užšaldykite arba atšaldykite.

CHABLIS VAISIŲ PADAŽAS:

g) Nedideliame puode sumaišykite pirmuosius 3 ingredientus – užvirinkite ir troškinkite 5 minutes.

h) Kukurūzų krakmolą ir 1 šaukštą vandens išmaišykite iki vientisos masės.

i) Įmaišykite į vyno mišinį ir retkarčiais pamaišydami troškinkite keletą minučių, kol sutirštės.

j) Sudėkite vaisius ir kaitinkite, kol vaisiai sušils. Užpildykite blynelius, užlenkite ir ant viršaus užpilkite papildomo padažo.

11. „Ambrosia Crêpes".

Pagamina: 1 porcija

INGRIDIENTAI:

- 4 blyneliai
- 16 uncijų skardinių vaisių kokteilis
- 1 skardinė Šaldytas desertinis užpilas – atšildytas
- 1 mažas prinokęs bananas supjaustytas
- ½ puodelio miniatiūrinių zefyrų
- ⅓ puodelio susmulkinto kokoso

INSTRUKCIJOS:

a) Papuoškite papildomu užpilu ir vaisiais.

b) Norėdami užšaldyti blynelius su vaškuotu popieriumi tarp jų.

c) Suvyniokite į storą foliją arba šaldymo popierių.

d) Įkaitinkite 350° orkaitėje 10-15 minučių.

12. Uogų blyneliai su apelsinų padažu

Padaro: 4 porcijos

INGRIDIENTAI:
- 1 puodelis Šviežių mėlynių
- 1 stiklinė pjaustytų braškių
- 1 valgomasis šaukštas cukraus
- Trys 3 uncijų pakuotės kreminio sūrio suminkštėjo
- ¼ puodelio medaus
- ¾ puodelio apelsinų sulčių
- 8 blyneliai

INSTRUKCIJOS:
a) Mažame dubenyje sumaišykite mėlynes, braškes ir cukrų ir atidėkite.

b) Norėdami paruošti padažą, išplakite grietinėlės sūrį ir medų iki purios masės ir lėtai įmaišykite į apelsinų sultis.

c) Šaukštą apie ½ puodelio uogų įdaro 1 lietinio viduryje. Ant uogų užpilkite maždaug 1 šaukštą padažo. Susukite ir padėkite ant serviravimo lėkštės. Pakartokite su likusiais blyneliais.

d) Likusį padažą užpilkite ant blynelių.

13. Abrikosų-levandų blyneliai

Padaro: 6 porcijos

INGRIDIENTAI:
- 1½ šaukšto sviesto
- ½ puodelio Pieno
- 1½ šaukšto žemės riešutų aliejaus
- 6½ šaukštų universalių miltų
- 1 valgomasis šaukštas cukraus, dosnus
- 1 Kiaušinis
- ⅓ arbatinio šaukštelio Šviežių levandų žiedų
- 14 Džiovinti abrikosai, turkiški
- 1 puodelis Riesling vyno
- 1 puodelis Vandens
- 1½ arbatinio šaukštelio Apelsinų žievelės, tarkuotos
- 3 šaukštai medaus
- ½ puodelio Riesling vyno
- ½ stiklinės vandens
- 1 puodelis Cukraus
- 1 valgomasis šaukštas apelsino žievelės
- ½ šaukšto laimo žievelės
- 1 arbatinis šaukštelis Šviežių levandų žiedų
- 1 žiupsnelis dantų akmenų kremas
- Aromatizuota plakta grietinėlė, neprivaloma
- Levandų šakelės, papuošimui

INSTRUKCIJOS:
Krepinė TEŠLA
a) Ištirpinkite sviestą ant vidutinės ugnies.
b) Toliau kaitinkite, kol sviestas taps šviesiai rudos spalvos.
c) Įpilkite pieno ir šiek tiek pašildykite.
d) Perkelkite mišinį į dubenį. Suplakite likusius ingredientus iki vientisos masės.
e) Šaldykite valandą ar ilgiau.
f) Kepkite blynelius, sudėdami plastikine plėvele arba pergamentu, kad nepriliptų.

g) Laikyti šaldytuve, kol paruošta naudoti.

ABRIKOSŲ ĮDALIS

h) Sumaišykite visus ingredientus puode.

i) Troškinkite apie pusvalandį arba tol, kol abrikosai suminkštės.

j) Mišinį sutrinkite virtuviniu kombainu iki beveik vientisos masės. Saunus.

RIESLINGŲ PADAŽAS

k) Sumaišykite visus ingredientus puode.

l) Užvirinkite, maišykite, kol cukrus ištirps.

m) Šaltame vandenyje pamirkytu šepetėliu nušveiskite puodo šonus, kad nesusikristalizuotų.

n) Virkite, retkarčiais nušveisdami, iki 240 laipsnių F. ant saldainių termometro.

o) Nukelkite nuo ugnies ir panardinkite puodo dugną į ledinį vandenį, kad nustotumėte virti.

p) Atvėsinkite.

TARNAUTI

q) Į kiekvieną blynelį apvoliokite 3 šaukštus įdaro, vienai porcijai palikdami du blynelius.

r) Sudėkite blynus į sviestu išteptą kepimo formą.

s) Uždenkite folija, ištepta sviestu iš vidaus. Įkaitinkite 350 laipsnių F. orkaitėje.

t) Perkelkite blynelius į serviravimo lėkštes. Kaušelių padažas ant blynų ir aplink juos.

u) Jei norite, papuoškite plakta grietinėle ir levandų šakelėmis.

14. Šafrano blyneliai

Gamina: 12 aštuonių colių blynelių

INGRIDIENTAI:

- 2 žiupsneliai šafrano
- 2 kiaušiniai
- ¾puodelio pieno
- ½puodelio vandens
- ½šaukštelis druskos
- 2–3 šaukštai lydyto sviesto arba lengvo alyvuogių aliejaus
- 1 puodelis nebalintų miltų
- 3–4 baziliko lapeliai, smulkiai supjaustyti

INSTRUKCIJOS:

a) Nedideliame dubenyje užpilkite šafrano siūlus šaukštu karšto vandens. Atidėti.

b) Maišytuve sumaišykite kiaušinius, pieną, ½ puodelio vandens, druską, sviestą ir miltus. Trumpai apdorokite ir nubraukite šonus. Apdorokite 10 sekundžių ilgiau. Supilkite į didelį dubenį. Įmaišykite šafraną ir baziliką.

c) Leiskite pailsėti uždengę 1 valandą ar ilgiau. Krepų keptuvėje gaminkite blynus pagal gamintojo nurodymus.

d) Norėdami tešlą gaminti rankomis, nedideliame dubenyje užpilkite šafrano siūlus su šaukštu karšto vandens. Atidėti.

e) Dideliame dubenyje lengvai išplakite kiaušinius. Įmaišykite pieną, ½ puodelio vandens, druskos, sviesto arba lengvo alyvuogių aliejaus. Supilkite miltus. Išmaišykite tiek, kad ingredientai susimaišytų ir nukoškite.

f) Įmaišykite šafraną ir baziliką. Leiskite pailsėti 30 minučių. Krepų keptuvėje gaminkite blynus.

g) Sudėkite blynelius, kad būtų šilti, arba paruoškite iš anksto, suvyniokite į foliją ir laikykite šaldytuve. Pakaitinkite, suvyniotą į foliją, orkaitėje.

15. Pansy blynai

Padaro: 12 blynelių

INGRIDIENTAI
- 1^1/2 stiklinės pieno
- ^{1}/$_2$ puodelio vandens
- 1 valgomasis šaukštas cukraus
- ^{1}/$_4$ arbatinio šaukštelio druskos
- 3 šaukštai nesūdyto sviesto, lydyto
- ^{1}/2 puodelio grikių miltų
- ^{3}/$_4$ puodelio universalių miltų
- 3 kiaušiniai
- 12 našlaičių žiedų
- Paprastas našlaičių sirupas arba bet kokios rūšies gėlių sirupas, jei pageidaujama, užpilui

INSTRUKCIJOS:
a) Visus ingredientus, išskyrus našlaičių gėles, sudėkite į maišytuvą. Ištrinkite iki vientisos masės.

b) Šaldykite mažiausiai 2 valandas ir iki nakties.

c) Prieš kepdami leiskite tešlai sušilti iki kambario temperatūros. Gerai suplakti.

d) Įkaitinkite nepridegančią keptuvę ir ištirpinkite sviestą.

e) Pakelkite keptuvę nuo ugnies ir į vidurį supilkite ¼ puodelio tešlos, pakreipdami ir sukdami keptuvę, kad ji greitai ir tolygiai pasiskirstytų. Grįžkite į šilumą.

f) Maždaug po 1 minutės apibarstykite našlaitėmis.

g) Mentele atlaisvinkite kremo kraštus nuo keptuvės šonų.

h) Apverskite blynelį ir kepkite dar 30 sekundžių.

i) Pasukite arba pastumkite jį ant serviravimo lėkštės. Pakartokite su likusia tešla.

16. Žolelių blyneliai

Padaro: 12 porcijų

INGRIDIENTAI:
- 1¼ puodelio universalių miltų
- 1½ puodelio lieso pieno
- 1 valgomasis šaukštas margarino, lydytas
- 1 Kiaušinis
- Daržovių kepimo purškalas
- 1 valgomasis šaukštas maltų šviežių petražolių
- 1 valgomasis šaukštas malto šviežio raudonėlio
- 1 valgomasis šaukštas malto šviežio baziliko

INSTRUKCIJOS:
a) Naudokite toliau pateiktą pagrindinį blynelių receptą ir įpilkite 1 šaukštą maltų šviežių petražolių, 1 šaukštą maltų šviežių raudonėlių ir 1 šaukštą malto šviežio baziliko į pieno mišinį, skirtą šiems žolelių blynėms.

b) Pagrindiniai blyneliai: suberkite miltus į vidutinį dubenį.

c) Sumaišykite pieną, margariną ir kiaušinį ir supilkite mišinį į miltus, plakdami šluotele iki beveik vientisos masės. Uždenkite tešlą ir šaldykite 1 valandą.

d) 8 colių blynelių keptuvę arba nepridegančią keptuvę padenkite daržovių kepimo purškalu ir padėkite ant vidutinės-stiprios ugnies, kol įkais.

e) Nukelkite keptuvę nuo ugnies ir supilkite nedidelę ¼ puodelio tešlos į keptuvę, greitai pakreipkite keptuvę į visas puses, kad tešla padengtų keptuvę plona plėvele. Virkite apie 1 minutę.

f) Mentele atsargiai pakelkite Crêpe kraštą, kad patikrintumėte, ar jis iškepęs.

g) Apverskite Crêpe ir kepkite 30 sekundžių iš kitos pusės.

h) Padėkite kremą ant rankšluosčio ir leiskite atvėsti. Kartokite procedūrą, kol bus panaudotos visos tešlos. Sudėkite blynelius tarp vaško popieriaus arba popierinių rankšluosčių sluoksnių, kad nepriliptų.

17. Oreo pusryčių blyneliai

Padaro: 4 porcijos

INGRIDIENTAI:
- 1 puodelis miltų
- 3 kiaušiniai
- 1 puodelis pieno
- 1 ¼ puodelio vandens
- ⅛ arbatinio šaukštelio druskos
- Oreo sausainiai
- Įdarai blynėms: Nutella, aviečių uogienė, plakta grietinėlė

INSTRUKCIJOS:
a) Į maišymo dubenį sudėkite šiuos ingredientus: kiaušinius, miltus, vandenį, pieną ir druską.

b) Naudodami narvelio priedą išmaišykite iki vientisos masės, tada palikite tešlą 5 minutes arba iki 24 valandų šaldytuve.

c) Įkaitinkite ir patepkite keptuvę ½ arbatinio šaukštelio aliejaus.

d) Įkaitinkite 5 colių keptuvę iki karšto.

e) Į keptuvės vidurį įdėkite vieną Oreo sausainį.

f) Supilkite apie ¼ puodelio tešlos aplink „Oreo" sausainį.

g) Virkite 1–2 minutes, kol lėkštė taps auksinės spalvos apačioje.

h) Naudokite peilį arba mentele, kad pakeltumėte kremą ir greitai jį apverstumėte.

i) Kepkite antrąją pusę maždaug ½ minutės arba iki auksinės spalvos.

j) Užpildykite kiekvieną blynelį pasirinktu įdaru.

k) Paskleiskite Nutella aplink Oreo ir susukite į cilindrą.

18. Ledų blyneliai

Padaro: 4 porcijos

INGRIDIENTAI:
- 11/2 pintos veganiškų vanilinių ledų, suminkštintų
- Veganiški desertiniai blyneliai
- 2 šaukštai veganiško margarino
- ¼ konditerių cukraus
- ¼ puodelio šviežių apelsinų sulčių
- 1 valgomasis šaukštas šviežių citrinų sulčių
- ¼ puodelio Grand Marnier ar kito apelsinų skonio likerio

INSTRUKCIJOS:
a) Vieną ketvirtadalį ledų uždėkite ant plastikinės plėvelės gabalo, suvyniokite ir rankomis susukite į rąstą.

b) Kiekvienas ledų gabalas turi būti susuktas į blyną.

c) Užpildę blynelius, įdėkite juos į šaldiklį 30 minučių, kad sutvirtėtų.

d) Ant nedidelės keptuvės ant vidutinės ugnies ištirpinkite margariną. Supilkite cukrų. Įpilkite apelsinų sulčių, citrinos sulčių ir Grand Marnier.

e) Kepkite ant grotelių apie 2 minutes arba tol, kol didžioji dalis alkoholio išgaruos.

f) Norėdami patiekti, užpildytus blynelius išdėliokite desertinėse lėkštėse ir apšlakstykite apelsinų padažu.

Gamina: 4porcijos

INGRIDIENTAI:

- 11⁄2 pintos veganiškų vanilinių ledų, suminkštintų
- Veganiški desertiniai blyneliai
- 2 šaukštai veganiško margarino
- 1⁄4 konditerių cukraus
- 1⁄4 puodelio šviežių apelsinų sulčių
- 1 valgomasis šaukštas šviežių citrinų sulčių
- 1⁄4 stiklinės Grand Marnier ar kito apelsinų skonio likerio

INSTRUKCIJOS:

a) Dideliu peiliu supjaustykite vieną puslitrį ledų į ketvirčius vertikaliai.

b) Nulupkite talpyklą ir išmeskite.

c) Visą ketvirtį ir 1⁄4 puodelio likusio 1⁄2 pintos ledų išdėliokite ant plastikinės plėvelės gabalo, įdėkite jį į plėvelę ir rankomis suformuokite rąstą.

d) Pakartokite su likusiais ledais, kad gautumėte keturis rąstus.

e) Susukite kiekvieną ledų gabalėlį kiekvieno blynelio viduje.

f) Kai blyneliai bus užpildyti, užšaldykite juos maždaug 30 minučių, kad sutvirtėtų.

g) Nedidelėje keptuvėje ant vidutinės ugnies įkaitinkite margariną. Suberkite cukrų.

h) Įmaišykite apelsinų sultis, citrinos sultis ir Grand Marnier.

i) Troškinkite, virdami didžiąją dalį alkoholio, apie 2 minutes

j) Kad patiektumėte, užpildytus blynelius sudėkite į desertines lėkštes ir ant kiekvieno blynelio užpilkite šiek tiek apelsinų padažo.

20. Red Velvet Crêpes su kreminio sūrio įdaru

Padaro: 10-12 blynelių

INGRIDIENTAI:
- 2 kiaušiniai
- 1 puodelis pieno
- ½ puodelio vandens
- ½ arbatinio šaukštelio druskos
- 3 valgomieji šaukštai sviesto, lydyto
- 1 arbatinis šaukštelis cukraus
- 1 arbatinis šaukštelis vanilės ekstrakto
- 1 puodelis miltų
- 1½ šaukštelio kakavos miltelių
- 5 lašai raudonų maistinių dažų, neprivaloma
- Kreminio sūrio įdaras/užpilkite

INSTRUKCIJOS:
a) Sumaišykite kiaušinius, pieną, vandenį, druską, cukrų, vanilę ir 3 šaukštus lydyto sviesto ir plakite, kol susidarys putos, maždaug 30 sekundžių.

b) Suberkite miltus ir kakavos miltelius ir plakite iki vientisos masės.

c) Šiuo metu pridėkite maistinių dažų, jei naudojate. Tešlą turėsite padaryti šiek tiek šviesesnę, nei norite, kad galutinis produktas būtų.

d) Tešlą laikykite šaldytuve 30 minučių arba per naktį.

e) Kai būsite pasiruošę ruošti blynelius, įkaitinkite 1 valgomąjį šaukštą sviesto blynelių keptuvėje ar kitoje seklioje keptuvėje. Įsitikinkite, kad sviestas padengė visą keptuvės paviršių, prieš įpildami ¼ puodelio Crêpe tešlos ir sukdami, kad padengtų keptuvės paviršių.

f) Kepkite blynelius vieną minutę, atsargiai apverskite ir pusę minutės kepkite kitą pusę.

g) Papuoškite šokoladiniu padažu ir likusiu grietinėlės sūrio įdaru.

21. Tiramisu blyneliai

Padaro: 10 porcijų

INGRIDIENTAI:
- 4 dideli kiaušiniai
- ¾ puodelio 2% pieno
- ¼ puodelio klubinės sodos
- 3 šaukštai sviesto, lydyto
- 2 šaukštai stiprios užplikytos kavos
- 1 arbatinis šaukštelis vanilės ekstrakto
- 1 puodelis universalių miltų
- 3 šaukštai cukraus
- 2 šaukštai kepimo kakavos
- ¼ arbatinio šaukštelio druskos

UŽPILDYMAS:
- 8 uncijos maskarponės sūrio
- 8 uncijos kreminio sūrio, suminkštinto
- 1 puodelis cukraus
- ¼ puodelio kavos likerio arba stiprios užplikytos kavos
- 2 arbatiniai šaukšteliai vanilės ekstrakto
- Nebūtina: šokolado sirupas ir plakta grietinėlė

INSTRUKCIJOS:

a) Dideliame dubenyje išplakite kiaušinius, pieną, sodą, sviestą, kavą ir vanilę. Kitame dubenyje sumaišykite miltus, cukrų, kakavą ir druską, supilkite į kiaušinių masę ir gerai išmaišykite. Šaldykite, uždengę, 1 val.

b) Įkaitinkite lengvai suteptą 8 colių plokštę. neprideganč ią keptuvę ant vidutinės ugnies. Išmaišykite tešlą. Tešla įpilkite ¼ puodelio iki pusės ir supilkite į keptuvės vidurį. Greitai pakelkite ir pakreipkite keptuvę, kad dugnas tolygiai pasidengtų.

c) Kepkite, kol viršus atrodys sausas, apverskite kremą ir kepkite, kol apačia iškeps, 15-20 sekundžių ilgiau. Nuimkite ant grotelių. Pakartokite su likusia tešla, pagal poreikį sutepkite skardą. Kai atvės, sudėkite blynelius tarp vaškuoto popieriaus gabalėlių arba popierinių rankšluosčių.

d) Įdarui dideliame dubenyje išplakti sūrį ir cukrų iki purios masės. Įpilkite likerio ir vanilės ir plakite iki vientisos masės. Supilkite maždaug 2 šaukštus įdaro kiekvieno blynelio centre ir susukite. Jei norite, papuoškite šokolado sirupu ir plakta grietinėle.

22. Lazdyno riešutų blyneliai su kavos ledais

Padaro: 6 porcijos

INGRIDIENTAI:
- ½ puodelio skrudintų lazdyno riešutų
- ½ puodelio Pieno
- ⅓ puodelio Paruošta kava, atvėsinta
- ⅓ puodelio Frangelico ir (arba) Kahlua
- 1 arbatinis šaukštelis vanilės
- ⅛ arbatinio šaukštelio migdolų ekstrakto
- 3 Kiaušiniai
- 1 puodelis Miltų
- 3 šaukštai nesūdyto sviesto, ištirpinto ir atvėsinto
- Aliejus keptuvėms
- 1 pintos kavos ledų
- Karamelinis kavos riešutų padažas

INSTRUKCIJOS:

a) Lazdyno riešutus perkelkite į trintuvą arba virtuvinį kombainą. Impulsinis įjungimas / išjungimas, kol bus smulkiai supjaustyti.

b) Sumaišykite pieną, Frangelico, vanilę, migdolų ekstraktus ir kiaušinius, kol sumaišysite. Iš karto suberkite miltus ir plakite iki vientisos masės ir visi miltai susigers. Įmuškite lazdyno riešutus, sviestą ir cukrų. Uždenkite ir šaldykite bent dvi valandas, bet geriausia per naktį.

c) Tešlą grąžinkite į kambario temperatūrą.

d) Įkaitinkite krepų keptuvę, kol vanduo išsisuks. Lengvai aliejuje ir pakaitinkite, kol įkais.

e) Nukelkite keptuvę nuo ugnies, supilkite ¼ puodelio tešlos ir greitai pasukite, kad pasidengtų dugnas. Grąžinkite keptuvę ant ugnies.

f) Kepkite, kol kremo dugnas taps auksinės spalvos, apverskite ir apkepkite kitą pusę.

g) Perkelkite į lėkštę, atskirdami blynus vaškuotu popieriumi. Pakartokite su likusia tešla, jei reikia, sutepkite aliejumi.

h) „Crêpes" galima paruošti iš anksto. Sušildykite nuimdami vaškuotą popierių, suvyniodami jį į skardos foliją ir kepdami įkaitintoje 350 F. orkaitėje ant sausainių skardos apie 15 minučių.

i) Greitai susukite šiltus blynelius aplink mažus kaušelius ledų. Patiekite su vienu arba abiem padažais.

23. Karštieji blyneliai

Pagamina: 1 porcija

INGRIDIENTAI:
- 12 šokoladinių blynelių
- ⅓ puodelio kakavos
- ½ stiklinės sviesto
- 1 puodelis grietinėlės
- 1 puodelis Cukraus
- 1¼ arbatinio šaukštelio vanilės
- ¾ arbatinio šaukštelio tirpios kavos
- Šokoladiniai ledai

INSTRUKCIJOS:

a) Padarykite krepą ir atidėkite į šalį. Puode ištirpinkite sviestą ir suberkite cukrų, kavą ir kakavą. Kruopščiai išmaišykite.

b) Palaipsniui supilkite kremą ir virkite ant vidutinės ugnies, nuolat maišydami apie penkias minutes.

c) Nukelkite nuo ugnies ir įpilkite vanilės.

d) Ant kiekvieno blynelio uždėkite mažus kaušelius ledų ir užlenkite.

e) Karštą fudge užpilkite ant blynelių, pabarstykite smulkintais riešutais ir nedelsdami patiekite.

24. Meringu užpildyti blyneliai

Padaro: 12 porcijų

INGRIDIENTAI:
- 3 Kiaušinių baltymai
- ¼ arbatinio šaukštelio dantų akmenų kremas
- 6 šaukštai cukraus
- ¼ arbatinio šaukštelio vanilės
- 12 pagrindinių blynelių, išvirti ir paruošti įdaryti
- ¼ puodelio kapotų skrudintų migdolų
- Cukraus pudra
- Nesaldinti kakavos milteliai
- Nuskustas šokoladas
- Marmeladas arba uogų padažas
- 2 puodeliai aviečių
- 3 šaukštai Cukrus
- 2 šaukštai aviečių likerio
- ¼ puodelio gervuogių

INSTRUKCIJOS:
a) Kiaušinių baltymus išplakti su grietinėle iki minkštų smailių.

b) Palaipsniui plakite granuliuotą cukrų, kol susidarys standžios smailės. Įmuškite vanilę. Ant ½ kiekvieno blynelio uždėkite maždaug 2 kupinus šaukštus meringue.

c) Pabarstykite ½ arbatinio šaukštelio migdolų ant meringue.

d) Krepą perlenkite per pusę.

e) Užpildytus blynus sudėkite ant kepimo skardos.

f) Kepkite 400 laipsnių kampu 3–5 minutes, kol košė išsipūs ir paruduos aplink kraštus.

g) Kai blyneliai iškeps, ant kiekvieno viršaus pabarstykite ½ arbatinio šaukštelio migdolų, tada pabarstykite cukraus pudra ir kakavos milteliais.

h) Papuoškite keliais nuskusto šokolado gabalėliais.

i) Patiekite su uogų padažu arba marmeladu.

PADAŽUI:
j) 1¾ stiklinės aviečių sutrinkite su cukrumi. Įmaišykite likerį. Įmaišykite gervuoges ir likusias avietes.

25. Butterscotch apelsinų blyneliai

Padaro: 15 porcijų

INGRIDIENTAI:
BUTTERSCOTCH Apelsinų įdaras:
- 6 uncijos butterscotch skonio kąsneliai
- 8 uncijų pakuotė suminkštinto kreminio sūrio
- 2 arbatiniai šaukšteliai Pieno
- 1 valgomasis šaukštas apelsinų skonio likerio

Apelsinų padažas:
- ⅓ puodelio sviesto
- ¼ puodelio cukraus
- ¼ puodelio apelsinų sulčių
- 1 valgomasis šaukštas apelsinų skonio likerio

KRÊPES:
- ¾ puodelio universalių miltų
- ¾ arbatinio šaukštelio druskos
- 3 Kiaušiniai
- 1 puodelis Pieno
- 2 šaukštai sviesto, lydytas
- 1 valgomasis šaukštas tarkuotos apelsino žievelės
- Lydytas sviestas

INSTRUKCIJOS:
BUTTERSCOTCH Apelsinų įdaras:
a) Ištirpinkite virš karšto vandens, „Nestle Toll House" sviesto skonio kąsnelius ir maišykite iki vientisos masės.

b) Nedideliame dubenyje išplakite kreminį sūrį iki vientisos masės.

c) Palaipsniui supilkite ištirpintus kąsnelius ir pieną ir plakite, kol gerai susimaišys.

d) Įmaišykite apelsinų skonio likerį.

Apelsinų padažas:
e) Nedideliame puode sumaišykite sviestą, cukrų ir apelsinų sultis.

f) Maišykite ant vidutinės ugnies, kol sviestas ištirps ir cukrus ištirps.

g) Įmaišykite apelsinų skonio likerį.

KRÊPES:

h) Dideliame dubenyje sumaišykite miltus ir druską. Atidėti. Vidutiniame dubenyje sumaišykite kiaušinius, pieną, 2 šaukštus lydyto sviesto ir tarkuotą apelsino žievelę ir plakite, kol gerai susimaišys.

i) Palaipsniui supilkite į miltų mišinį ir plakite iki vientisos masės.

j) Ant vidutinės ugnies įkaitinkite 8 colių krepų keptuvę arba keptuvę ir sutepkite tirpintu sviestu.

k) Kiekvienam blyneliui į keptuvę supilkite apie 2 šaukštus tešlos ir nedelsdami apverskite ir apverskite keptuvę, kad pasidengtų dugnas. Virkite 10-15 sekundžių.

l) Apverskite kremą ir kepkite dar 5 sekundes.

m) Ant kiekvieno blynelio užtepkite 1 šiek tiek suapvalintą valgomąjį šaukštą „Butterscotch Orange Filling".

n) Sulenkite į trikampius arba susukite želė ir padėkite ant lėkštės.

o) Šaukštą apelsinų padažo ant blynelių.

26. Microgreen blyneliai

Padaro: 6 blyneliai

INGRIDIENTAI:
- 2 kiaušiniai
- ¼ puodelio senamadiškų avižų
- ¼ puodelio pilno grūdo kvietinių miltų
- 1 valgomasis šaukštas maltų linų
- ½ puodelio saulėgrąžų mikrožalumynų
- ½ puodelio pieno
- ¼ puodelio vandens

INSTRUKCIJOS:
a) Sumaišykite visus ingredientus maišytuve ir plakite iki vientisos masės.

b) Laikyti šaldytuve mažiausiai 15 minučių.

c) Ant stiprios ugnies įkaitinkite neprideganci̇ą keptuvę.

d) Apipurkšti lengva purškiamojo aliejaus danga.

e) Į keptuvę supilkite nedidelį ¼ puodelio tešlos ir greitai pasukite, kad ji pasiektų keptuvės kraštus.

f) Kepkite apie 1 minutę arba tol, kol kremas pradės burbuliuoti, o kraštai pradės ruduoti.

g) Pakratykite keptuvę, kad lėkštė atsilaisvintų, o tada plona mentele atsargiai pasukite lėkštę keptuvėje.

h) Kepkite tik 10 sekundžių antroje pusėje – tiek, kad sustingtų ir labai švelniai paruduotų.

i) Sudėkite blynelius ant lėkštės vieną ant kito.

27. Grybai Avinžirnių blynai

Padaro: 6 blyneliai

INGRIDIENTAI:
KRÊPES:
- 140 g avinžirnių miltų
- 30 g žemės riešutų miltų
- 5 g maistinių mielių
- 5 g kario miltelių
- 350 ml vandens
- Druska, pagal skonį

UŽPILDYMAS:
- 10 ml alyvuogių aliejaus
- 4 Portobello grybų kepurėlės, plonai supjaustytos
- 1 svogūnas, plonais griežinėliais
- 30 g kūdikių špinatų
- Druska, pipirai, pagal skonį
- Veganiškas majonezas

INSTRUKCIJOS:
PAGAMINK KREPIUS
a) Maišytuve pagal skonį sumaišykite avinžirnių miltus, žemės riešutų miltus, maistines mieles, kario miltelius, vandenį ir druską.
b) Įkaitinkite didelę nepridegančią keptuvę ant vidutinės-stiprios ugnies. Keptuvę apšlakstykite trupučiu kepimo aliejaus.
c) Supilkite ¼ puodelio tešlos į keptuvę ir sukamaisiais judesiais paskirstykite tešlą visame keptuvės dugne.
d) Kepkite blynelius po 1 minutę iš kiekvienos pusės. Padėkite blynelį ant lėkštės ir laikykite šiltai.
PAGAMINK ĮDAŽĄ
e) Keptuvėje ant vidutinės-stiprios ugnies įkaitinkite alyvuogių aliejų.
f) Sudėkite grybus ir svogūną ir kepkite 6-8 minutes.
g) Sudėkite špinatus ir 1 minutę maišykite, kol suminkštės.
h) Pagardinkite druska ir pipirais ir perkelkite į didelį dubenį.
i) Supilkite paruoštą veganišką majonezą.

28. Sūrūs špinatų blyneliai

Padaro: 4 porcijos

INGRIDIENTAI:
- 3 Kiaušiniai
- 1 puodelis Pieno
- 1 valgomasis šaukštas lydyto sviesto
- ¾ puodelio universalių miltų
- ¼ arbatinio šaukštelio druskos
- 2 puodeliai Shredded Havarti, Šveicarijos ARBA
- Mocarelos sūris, padalintas
- 2 puodeliai varškės ARBA rikotos sūrio
- ¼ puodelio tarkuoto parmezano sūrio
- 1 Kiaušinis, šiek tiek pamuštas
- 10 uncijų pakelis šaldytų kapotų špinatų
- 300g, atšildyti ir išspausti sausai
- ¼ arbatinio šaukštelio druskos
- ⅛ arbatinio šaukštelio pipirų
- 1½ puodelio pomidorų padažo

INSTRUKCIJOS:
KREIPĖMS:
a) Sumaišykite ingredientus trintuve arba virtuvės kombainu 5 sekundes.

b) Nubraukite šonus ir plakite tešlą 20 sekundžių ilgiau. Uždenkite ir palikite pastovėti mažiausiai 30 minučių.

c) Ant vidutinės ugnies įkaitinkite 8 colių n*pridegančią keptuvę. Patepkite tirpintu sviestu. Išmaišykite tešlą. Į keptuvę supilkite apie 3 šaukštus tešlos ir greitai apverskite keptuvę, kad pasidengtų dugnas. Kepkite, kol dugnas šiek tiek paruduos, maždaug 45 sekundes. Pasukite Crêpe su mentele ir kepkite apie 20 sekundžių ilgiau.

d) Perkelkite į lėkštę. Pakartokite su likusia tešla, prieš kepdami kiekvieną blynelį, keptuvę sutepdami trupučiu lydyto sviesto. Padaro: 10–12 blynelių. Pasirinkite 8 blynelius.

UŽPILDYMUI:
e) Rezervuokite ½ puodelio Havarti sūrio. Sumaišykite likusius ingredientus. Ant kiekvieno blynelio uždėkite ½ puodelio sūrio įdaro ir susukite.

f) Sudėkite siūlę žemyn į riebalais išteptą 13x9 colių kepimo formą. Ant viršaus užpilame pomidorų padažo. Pabarstykite rezervuotu Havarti sūriu. Kepkite 375 F orkaitėje nuo 20 iki 25 minučių arba kol įkais.

29. Ube Crêpes

Padaro: 30 porcijų

INGRIDIENTAI:

- 2 puodeliai universalių miltų
- 1 puodelis Ryžių miltų
- ½ puodelio Ube
- 2 arbatiniai šaukšteliai rupios druskos
- 3 Kiaušinių baltymai
- 2 puodeliai Vandens
- 2 puodeliai Konservuoto nesaldinto kokosų pieno
- 1 vidutinė raudonų arba žalių lapinių salotų galvutė
- Daržovių įdaras
- Žemės riešutų padažas

INSTRUKCIJOS:

a) Dubenyje suplakite sausus ingredientus ir centre padarykite duobutę. Po truputį supilkite kiaušinių baltymus, vandenį ir kokosų pieną, plaktuvu įmaišykite juos į sausus ingredientus. Tešla turi būti riebios grietinėlės konsistencijos. Jei jis per storas, atlaisvinkite vandeniu.

b) Atšaldykite šaldytuve bent 1 val.

c) Įkaitinkite 8 colių nepridegančią keptuvę ant vidutinės-mažos ugnies. Tuo tarpu išimkite tešlą iš šaldytuvo, išplakite, kad neliktų gumuliukų, arba, jei reikia, įpilkite vandens, kad praskiestumėte. Į keptuvę įpilkite maždaug 1½ uncijos tešlos. Pasukite keptuvę taip, kad tešla padengtų visą paviršų. Kai lumpia atrodo sausa, pasukite ją gumine mentele, atsargiai, kad neparuduotų. Išimkite iš keptuvės ir atidėkite į šalį.

d) Padėkite ube Crêpe ant lėkštės plokščiąja puse į viršų. Išdėliokite 2 persidengiančius salotų lapus taip, kad vienoje pusėje jie peržengtų kraštą. Ant salotų uždėkite ¼ puodelio šilto daržovių įdaro ir susukite.

e) Padėkite lumpia siūle puse žemyn ant lėkštės. Apšlakstykite žemės riešutų padažu. Patiekite iš karto.

30. Baklažanais įdaryti blyneliai

Padaro: 8 porcijos

INGRIDIENTAI:

- 4 šaukštai Svogūnai, susmulkinti
- 4 puodeliai Baklažanai, supjaustyti kubeliais, virti
- 4 puodeliai Pomidorai, švieži, pjaustyti
- 1 puodelis Daržovių sultinio
- 4 šaukštai kario miltelių
- 1 arbatinis šaukštelis cinamono
- 2 arbatiniai šaukšteliai druskos
- 8 česnako skiltelės, susmulkintos
- 24 blyneliai

INSTRUKCIJOS:

a) Kepkite visus ingredientus, išskyrus blynelius, didelėje keptuvėje ant vidutinės ugnies 10 minučių.

b) Mišinį tolygiai paskirstykite tarp blynelių.

c) Susukite ir patiekite karštą.

d) Užtepkite graikišku pomidorų padažu.

31. Tofu blyneliai

Padaro: 10 blynelių

INGRIDIENTAI:

- 1 1/3 stiklinės paprasto arba vanilinio sojų pieno
- 1 puodelis universalių miltų
- 1/3 puodelio tvirto tofu, nusausinti ir sutrupinti
- 2 šaukštai veganiško margarino, lydyto
- 2 šaukštai cukraus
- 11/2 arbatinių šaukštelių gryno vanilės ekstrakto
- 1/2 arbatinio šaukštelio kepimo miltelių
- 1/8 arbatinio šaukštelio druskos
- Rapsų ar kito neutralaus aliejaus kepimui

INSTRUKCIJOS:

a) Sumaišykite visus ingredientus

b) išskyrus kepimo aliejų mikseriu iki vientisos masės.

c) Įkaitinkite nepridegančią kepsninę arba krepų keptuvę ant vidutinės-stiprios ugnies.

d) Supilkite 3 šaukštus tešlos į grotelių centrą ir pakreipkite keptuvę, kad tešla plonai pasiskirstytų.

e) Kepkite iki auksinės rudos spalvos iš abiejų pusių, vieną kartą apversdami.

f) Tešlos likučius sudėkite ant padėklo ir tęskite procesą, prireikus patepkite keptuvę aliejumi

32. Lęšių ir ožragių blyneliai

Padaro: 3½ stiklinės

INGRIDIENTAI:

- ½ svogūno, nulupto ir perpjauto per pusę
- 1 puodelis rudųjų basmati ryžių, mirkyti
- 2 šaukštai padalintas gramas, mirkyti
- ½ arbatinio šaukštelio ožragės sėklų, išmirkytų
- ¼ puodelio nesmulkintų juodųjų lęšių su odelėmis
- 1 arbatinis šaukštelis rupios jūros druskos, padalintas
- Aliejus, skirtas kepti
- 1½ stiklinės vandens

INSTRUKCIJOS:

a) Lęšius ir ryžius užpilkite vandeniu.

b) Palikite tešlą fermentuotis 6–7 valandas šiek tiek šiltoje vietoje.

c) Ant vidutinės ugnies įkaitinkite keptuvę.

d) Keptuvėje ištepkite 1 arbatinį šaukštelį aliejaus.

e) Kai keptuvė įkaista, į nepjaustytą, apvalią svogūno dalį įkiškite šakutę.

f) Laikydami už šakės rankenos, patrinkite perpjautą svogūno pusę pirmyn ir atgal.

g) Laikykite nedidelį dubenėlį aliejaus ant šono su šaukštu, kad galėtumėte naudoti vėliau.

h) Supilkite tešlą į karštos, įkaitintos keptuvės centrą.

i) Atlikite lėtus judesius pagal laikrodžio rodyklę kaušelio nugarėlėje nuo centro iki išorinio keptuvės krašto, kol tešla taps plona ir panaši į blynelį.

j) Šaukštu plona srovele supilkite aliejų į ratą aplink tešlą.

k) Virkite dosą, kol ji šiek tiek apskrus.

l) Apverskite ir kepkite ir kitą pusę.

m) Patiekite su prieskoninėmis jeera arba citrininėmis bulvėmis, kokoso čatniu ir sambharu.

33. Avinžirnių miltų blyneliai

Gamina: 8

INGRIDIENTAI:
- ½ arbatinio šaukštelio maltos kalendros
- ½ arbatinio šaukštelio ciberžolės miltelių
- 2 žali tajų, serrano arba kajeno čili, susmulkinti
- ¼ puodelio džiovintų ožragės lapų
- 2 stiklinės gramų miltų
- 1 arbatinis šaukštelis raudonųjų čili miltelių arba kajeno
- Aliejus, skirtas kepti
- 1 gabalas imbiero šaknis, nuluptas ir sutarkuotas arba sumaltas
- ½ puodelio šviežios kalendros, maltos
- 1 arbatinis šaukštelis rupios jūros druskos
- 1½ stiklinės vandens
- 1 svogūnas, nuluptas ir sumaltas

INSTRUKCIJOS:
a) Dideliame dubenyje sumaišykite miltus ir vandenį iki vientisos masės. Atidėti.

b) Sumaišykite likusius ingredientus, išskyrus aliejų.

c) Ant vidutinės ugnies įkaitinkite keptuvę.

d) Ant grotelių ištepkite ½ arbatinio šaukštelio aliejaus.

e) Supilkite tešlą į keptuvės centrą.

f) Tešlą paskleiskite sukamaisiais judesiais pagal laikrodžio rodyklę nuo keptuvės centro į išorę kaušelio nugarėlėje, kad gautumėte ploną, apvalų blyną.

g) Pora kepkite apie 2 minutes iš vienos pusės, tada apverskite, kad iškeptų iš kitos pusės.

h) Mentele paspauskite žemyn, kad įsitikintumėte, jog vidurys taip pat iškeps.

i) Patiekite su mėtų arba persikų chutney ant šono.

34. Kviečių blynelių kremas

Gamina: 6

INGRIDIENTAI:
- 3 puodeliai kviečių grietinėlės
- 2 puodeliai nesaldinto paprasto sojų jogurto
- 3 puodeliai vandens
- 1 arbatinis šaukštelis rupios jūros druskos
- ½ arbatinio šaukštelio maltų juodųjų pipirų
- ½ arbatinio šaukštelio raudonųjų čili miltelių arba kajeno
- ½ geltonojo arba raudonojo svogūno, nulupto ir smulkiai supjaustyto
- 1 žalias tajų, serrano arba kajeno čili, susmulkintas
- Aliejus, skirtas kepti, atidėkite į indą
- ½ svogūno, nulupto ir perpjauto per pusę

INSTRUKCIJOS:
a) Dideliame dubenyje sumaišykite kviečių, jogurto, vandens, druskos, juodųjų pipirų ir raudonųjų čili miltelių grietinėlę ir atidėkite 30 minučių, kad šiek tiek fermentuotųsi.

b) Sudėkite svogūną ir čili ir švelniai sumaišykite.

c) Ant vidutinės ugnies įkaitinkite keptuvę.

d) Keptuvėje įkaitiname 1 arbatinį šaukštelį aliejaus.

e) Kai keptuvė įkaista, į nepjaustytą, apvalią svogūno dalį įkiškite šakutę.

f) Įtrinkite perpjautą svogūno pusę pirmyn ir atgal per visą keptuvę.

g) Laikykite svogūną su šakute, kad galėtumėte naudoti tarp dozių.

h) Supilkite pakankamai tešlos į karštos, paruoštos keptuvės centrą.

i) Atlikite lėtus judesius pagal laikrodžio rodyklę kaušelio nugarėlėje nuo centro iki išorinio keptuvės krašto, kol tešla taps plona ir panaši į blynelį.

j) Šaukštu plona srovele supilkite aliejų į ratą aplink tešlą.

k) Kepkite dosą, kol ji lengvai paruduos ir pradės trauktis nuo keptuvės.

l) Apkepkite ir kitą pusę.

35. Šoninės ir kiaušinių blyneliai

Pagamina: 1 porcija

INGRIDIENTAI:

- 1 svaras šoninės, virtas ir sutrupintas
- 8 kiaušiniai
- ¼ puodelio riebios grietinėlės
- ¼ puodelio pjaustytų žaliųjų svogūnų
- Druska pipirai
- 1 puodelis tarkuoto Monterey Jack
- 8 8\" blyneliai

INSTRUKCIJOS:

a) Šoninę supjaustykite gabalėliais ir pakepinkite iki traškumo, gerai nusausinkite. Kiaušinius ir grietinėlę išplakti.

b) Įmaišykite šoninę, svogūnus ir prieskonius.

c) Supilkite į karštą sviestu išteptą keptuvę.

d) Kol porcijos keps, švelniai pakelkite mentele, kad nevirtos porcijos nutekėtų į dugną.

e) Beveik paruoštus kiaušinius pabarstykite sūriu.

f) Supilkite kiaušinių mišinį į blynus ir suktinukus. Patiekite su rudomis vynuogėmis ir žaliomis vynuogėmis.

Pagamina: 1 porcija

INGRIDIENTAI:

- 18 blynelių
- 2 arbatiniai šaukšteliai Worcestershire padažo
- ⅓ puodelio sviesto
- ⅓ puodelio pomidorų padažo
- 1 svogūnas
- ⅓ puodelio raudonojo vyno
- 2 skiltelės česnako
- ½ arbatinio šaukštelio juodųjų pipirų
- ½ svaro grybų
- ⅓ puodelio jautienos sultinio
- 2 svarai „Rump" kepsnys
- 2 arbatiniai šaukšteliai druskos
- ¼ arbatinio šaukštelio maltų kmynų
- 2 stiklinės grietinės
- ¼ arbatinio šaukštelio mairūno
- Susmulkinti česnakai

INSTRUKCIJOS:

a) Svogūną ir česnaką pakepinkite svieste, kol svogūnas suminkštės. Smulkiai supjaustykite grybus ir kepkite. Virkite penkias minutes.

b) Supjaustykite kepsnį plonomis juostelėmis ir sudėkite į keptuvę kartu su kmynais, mairūnais, Vusterio ir pomidorų padažu.

c) Dažnai maišykite ir kepkite, kol mėsa paruduos.

d) Įpilkite vyno, sultinio, druskos ir pipirų ir virkite, kol mėsa suminkštės.

e) Įpilkite grietinės ir pakaitinkite, kol sušils. Dabar kiekvieną blynelį užpildykite stroganovo mišiniu.

f) Sulenkite ir sudėkite į negilią sviestu išteptą kepimo formą. Kepkite 350 F orkaitėje 20 minučių.

g) Pabarstykite česnakais ir patiekite.

37. BBQ kiauliena su kukurūzų blyneliais

Padaro: 8 porcijos

INGRIDIENTAI:
- ¼ puodelio kukurūzų miltų
- ¼ puodelio universalių miltų
- 2 arbatiniai šaukšteliai Cukrus
- ¼ arbatinio šaukštelio košerinės druskos
- 1 Kiaušinis
- ¾ puodelio Pieno
- 2 šaukštai nesūdyto sviesto, lydytas
- 2 šaukštai maltų česnakų
- 2 puodeliai Barbekiu padažo
- 4 puodeliai Susmulkintos virtos kiaulienos
- ½ puodelio malto baltojo svogūno
- 2 šaukštai laimo sulčių, daugiau pagal skonį
- 1 vidutinio dydžio pomidoras
- 2 Vidutiniai, prinokę avokadai
- 1 Serrano čili, smulkiai sumaltas
- 2 šaukštai kapotos kalendros
- Košerinė druska pagal skonį
- ¾ puodelio čili padažo
- ⅓ puodelio melasos
- 3 šaukštai sojos padažo
- 1 valgomasis šaukštas Dižono garstyčių
- 1 skiltelė česnako, susmulkinta
- 3 šaukštai citrinos sulčių
- ⅓ puodelio vištienos sultinio
- ¼ puodelio vandens
- 1 arbatinis šaukštelis Tabasco padažo
- 1 arbatinis šaukštelis košerinės druskos
- 2 arbatiniai šaukšteliai Worcestershire padažo
- ¼ arbatinio šaukštelio čili dribsnių
- ½ Anaheimo čili, išskobti ir supjaustyti 1 colio gabalėliais
- ½ Chipotle čili adobo padaže

INSTRUKCIJOS:

a) Vidutiniame dubenyje sumaišykite sausus ingredientus. Atskirame dubenyje sumaišykite kiaušinį, pieną ir lydytą sviestą.

b) Iš sausų ingredientų padarykite duobutę ir palaipsniui įmaišykite kiaušinių mišinį.

c) Įmaišykite česnaką.

d) Prieš naudodami leiskite tešlai pailsėti 30 minučių.

e) Ant vidutinės ugnies įkaitinkite gerai pagardintą „Crêpe" keptuvę iki beveik rūkymo.

f) Lengvai patepkite sviestu ir supilkite apie 2 šaukštus tešlos, tiek, kad susidarytų plonas 5 colių skersmens kremas, pakreipdami keptuvę, kad tešla pasiskirstytų tolygiai.

g) Kepkite iki auksinės rudos spalvos, kepkite tik iš vienos pusės.

h) Išimkite blynelius iš keptuvės ir tęskite su likusia tešla, sudėkite į lėkštę šiltus blynus.

i) Vidutiniame puode įkaitinkite barbekiu padažą ir sudėkite susmulkintą kiaulieną.

j) Išmaišykite, kad kiauliena tolygiai pasidengtų padažu. Lengvai troškinkite kelias minutes, kad įsitikintumėte, jog mėsa įkais. Sulenkite arba apvoliokite blynelius aplink įdarą.

k) Ant viršaus užpilkite likusį barbekiu padažą ir patiekite avokadų salsą ant šono.

AVOKADO SALSA

l) Vidutinio dydžio dubenyje sumaišykite maltą baltąjį svogūną ir 2 šaukštus laimo sulčių.

m) Ruošdami pomidorą ir avokadą atidėkite į šalį.

n) Pomidorą išpjaukite ir supjaustykite ¼ colio kubeliais. Avokadą perpjaukite per pusę, išimkite sėklas ir išskobkite minkštimą.

o) Minkštimą supjaustykite ½ colio kubeliais. Į svogūnų mišinį įpilkite pomidorų, avokado, maltų čili pipirų ir kalendros.

p) Paragaukite prieskonių ir, jei reikia, įpilkite druskos, laimo sulčių arba malto čili. Sandariai uždenkite plastikine plėvele ir prieš patiekdami leiskite salsai pastovėti apie pusvalandį.

BARBEKIU PADAŽAS

q) Sumaišykite visus ingredientus storadugniame puode ir užvirinkite ant stiprios ugnies.

r) Sumažinkite ugnį iki minimumo ir troškinkite 15–20 minučių.

s) Nukelkite nuo ugnies ir perdėkite per smulkų sietelį.

t) Šaldykite, jei nenaudojate iš karto. Šaldytuve padažas išsilaikys iki 4 dienų.

38. Kumpio ir obuolių blyneliai

Padaro: 6 porcijos

INGRIDIENTAI:
- 3 gerai išplakti kiaušiniai
- ¾ puodelio Pieno
- ⅔ puodelio universalių miltų
- ¼ puodelio susmulkinto svogūno
- 2 šaukštai Saldžiosios žaliosios paprikos, iššėti sėklomis ir sumalti
- ¼ puodelio salierų, supjaustytų
- 2 vidutinio dydžio žalieji obuoliai – nulupti, nulupti šerdį, susmulkinti
- ½ puodelio universalių miltų
- 1 puodelis Vištienos sultinio
- 1 puodelis Lengvos grietinėlės
- 1 arbatinis šaukštelis kario miltelių
- 2 puodeliai Virto kumpio – kubeliais
- 6 šaukštai sviesto

INSTRUKCIJOS:

a) Kiaušinius, pieną ir miltus išplakite iki vientisos masės, panašios į grietinės konsistenciją.

b) 6 colių keptuvės dugną ištepkite sviestu. Šaukštu dėkite 2 šaukštus tešlos, sukaskite keptuvę, kad dugnas tolygiai pasidengtų.

c) Kepkite, kol išorinis blynelio kraštas paruduos, išimkite iš keptuvės, apverskite ir apkepkite kitą pusę.

d) Gaminkite blynelius, kol sunaudosite visą tešlą. Ištirpinkite sviestą. Pakepinkite svogūną, salierą, žaliąją papriką ir obuolius, maišydami, kol suminkštės. Pabarstykite miltais, išmaišykite ir virkite vieną minutę.

e) Palaipsniui įmaišykite vištienos sultinį, grietinėlę ir kario miltelius.

f) Virkite maišydami, kol padažas užvirs, įdėkite kumpį. Šiek tiek atvėsinkite ir ant kiekvieno blynelio užpilkite po ¼ puodelio įdaro. Susukite ir sudėkite į stipriai sviestu pateptą negilų troškintuvą.

g) Kepkite 400 laipsnių 15-20 minučių.

39. Kiaušinių, kumpio ir sūrio blyneliai

Padaro: 8 porcijos

INGRIDIENTAI:
- Lydytas skaidytas sviestas
- 2 puodeliai pikantiškų grikių blynelių tešlos
- 8 kiaušiniai
- 4 uncijos susmulkinto daniško kumpio
- 4 uncijų Shredded Monterey lizdas
- Sūris

INSTRUKCIJOS:
a) Įkaitinkite 9 arba 10 colių krepų keptuvę arba keptuvę ant vidutiniškai stiprios ugnies.

b) Gausiai aptepkite tirpintu sviestu.

c) Kai sviestas šnypščia, įpilkite ¼ puodelio grikių blynelių tešlos ir pasukite, kad padengtumėte keptuvę.

d) Į tešlos centrą švelniai įmuškite vieną kiaušinį, palikdami trynį visą.

e) Virkite tik tol, kol sustings baltymas, trynys turi likti skystas.

f) Ant viršaus uždėkite ½ uncijos kumpio ir ½ uncijos sūrio.

g) Švelniai užlenkite Crêpe šonus ant sūrio. Mentele nuimkite krepą į šiltą lėkštę.

h) Tęskite su likusia Crepe tešla ir kiaušiniais.

40. Delikatesas Turkijoje

Gamina: 2

INGRIDIENTAI:

- 3 ekologiški kiaušiniai
- ½ puodelio minkšto kreminio sūrio
- ½ šaukšto stevijos
- ½ arbatinio šaukštelio cinamono miltelių
- 4 griežinėliai kumpio
- 4 kalakutienos delikateso griežinėliai
- 1 puodelis šveicariško sūrio, tarkuoto
- 2 šaukštai ekologiško sviesto, padalinti

INSTRUKCIJOS:

a) Pirmus keturis ingredientus sudėkite į virtuvinį kombainą ir plakite, kol gausite gražią tešlą. Atidėkite į šalį ir palikite 5 minutes pailsėti.

b) Nelipnioje keptuvėje ant vidutinio stiprios ugnies ištirpinkite sviestą ir į keptuvę supilkite kupiną šaukštą tešlos. Perkelkite keptuvę iš vienos pusės į kitą, kad sukurtumėte kremą. Kepkite kiekvieną pusę po 2 minutes.

c) Surinkite blynelį, vieną pusę uždėdami 1 kumpio gabalėliu ir 1 kalakutienos gabalėliu ir pabarstykite šveicarišku sūriu.

d) Ant viršaus uždėkite kitą kremą ir atlikite tą pačią procedūrą.

e) Naudodami tą pačią keptuvę, ištirpinkite likusį sviestą ir įdėkite į jį sukrautą blynelį.

f) Uždenkite ir leiskite virti 2 minutes, prieš apversdami blynelį.

g) Patiekite šiltą.

41. Meksikietiški vištienos blyneliai

Padaro: 4 porcijos

INGRIDIENTAI:
- 2 puodeliai kubeliais pjaustytos virtos vištienos
- 4 uncijos pjaustytų grybų, nusausintų
- 2 šaukštai kubeliais pjaustytų žaliųjų čili
- ¼ puodelio svogūno, supjaustyto
- ¼ puodelio salierų, supjaustytų kubeliais
- ¼ puodelio skrudintų griežinėliais pjaustytų migdolų
- ½ pintos grietinės
- 10 ¾ uncijos skardinė Grietinė vištienos sriuba
- 8 kukurūzų tortilijos
- 2 šaukštai sauso šerio
- ½ puodelio susmulkinto čederio sūrio

INSTRUKCIJOS:
a) Dideliame dubenyje sumaišykite vištieną, grybus, žaliuosius čili, svogūnus, salierus, migdolus, grietinę ir ½ skardinės sriubos.

b) Gerai ismaisyti.

c) Padėkite 2 tortilijas ant popierinio rankšluosčio. Uždenkite kitu rankšluosčiu.

d) Mikrobangų krosnelė aukštoje temperatūroje, kol įkais ir taps lanksti, 30–45 sekundes.

e) Uždėkite ½ puodelio vištienos mišinio ant tortilijos.

f) Įdėkite siūlę žemyn į 2 litrų pailgą indą.

g) Kartokite, kol visos tortilijos bus užpildytos. užpildytas.

h) Šerį sumaišykite su ½ skardinės sriubos. Šaukštą sriubos mišinio užpilkite ant tortilijų.

i) Uždenkite vaško popieriumi. Mikrobangų krosnelėje vidutinėje temperatūroje 8 minutes.

j) Ant viršaus pabarstykite sūriu.

k) Kepkite mikrobangų krosnelėje vidutinėje temperatūroje, kol sūris išsilydys, 2–3 minutes.

42. Keptos vištienos blyneliai

Padaro: 16 porcijų

INGRIDIENTAI:
- 1 partija blynelių
- 4 šaukštai sviesto arba margarino
- 1 vidutinis svogūnas, susmulkintas
- 1 puodelis salierų, smulkiai pjaustytų
- 2 šaukštai universalių miltų
- ½ arbatinio šaukštelio druskos
- ¼ arbatinio šaukštelio pipirų
- 2 arbatiniai šaukšteliai kario miltelių
- 1 puodelis Vištienos sultinio
- 3 stiklinės virtos vištienos, supjaustytos kubeliais
- ½ puodelio grietinės arba riebios grietinėlės
- Čatnis, smulkinti žemės riešutai, šoninės gabaliukai ir susmulkintas kokosas užpilams

INSTRUKCIJOS:
a) Įkaitinkite orkaitę iki 375 laipsnių.

b) Didelėje keptuvėje ištirpinkite sviestą, suberkite svogūną ir salierą ir pakepinkite, kol suminkštės.

c) Suberkite miltus ir prieskonius ir virkite 5 minutes.

d) Supilkite sultinį ir troškinkite, kol sutirštės. Nukelkite nuo ugnies ir įmaišykite vištieną bei grietinę.

e) Įdėkite porą šaukštų ar daugiau kiekvieno blynelio centre rudąja puse į viršų.

f) Susukite ir padėkite siūle žemyn į sviestu išteptą 13 x 9 colių kepimo skardą. Ištepkite arba apšlakstykite tirpintu sviestu.

g) Kepkite 20-25 minutes arba kol įkais ir pradės burbuliuoti.

h) Ant viršaus uždėkite čatnio, žemės riešutų, šoninės gabaliukų ir susmulkinto kokoso.

43. Sūrūs tuno blyneliai

Padaro: 4 porcijos

INGRIDIENTAI:
- 4 blyneliai
- ½ puodelio kapotų salierų
- ¼ puodelio susmulkinto svogūno
- 7¾ uncijos tuno skardinės, nusausintos
- 2 puodeliai šaldyti brokoliai, supjaustyti
- 2 puodeliai susmulkinto Čedaro sūrio

INSTRUKCIJOS:
a) Įdėkite brokolius į 1½ kv. mikrobangų krosnelei tinkamas troškinys.

b) Uždenkite ir mikrobangų krosnelėje, kaip nurodyta, nusausinkite

c) Įmaišykite 1 ½ puodelio sūrio ir likusius ingredientus. Uždengta mikrobangų krosnele 1 minutę.

d) Sudėkite ant blynelių ir susukite.

e) Sudėkite į kvadratinį mikrobangų krosnelės indą, 8 x 8 x 2", ir pabarstykite likusiu sūriu.

f) Laisvai uždenkite plastikine plėvele ir įkaitinkite mikrobangų krosnelę, kol sūris išsilydys, 2–3 minutes⅔ Porcijos.

44. Kepti jūros gėrybių blyneliai

*Gamina:*1 porcija

INGRIDIENTAI:
- 2 stiklinės vištienos sultinio
- 2 puodeliai sauso baltojo vyno
- Druska
- ½ svaro jūros šukučių
- ½ svaro Scrod filė
- 3 šaukštai nesūdyto sviesto
- 2 morkos
- 2 šaukštai universalių miltų
- 2 arbatiniai šaukšteliai kario miltelių
- 1 puodelis Pieno
- 2 šaukštai čatnio

INSTRUKCIJOS:
a) Didelėje keptuvėje užvirinkite 4 puodelius vandens, suberkite šukutes ir griežinėlį ir iškepkite jūros gėrybes. įmaišykite morkas, 2 šaukštus vandens, druską ir cukrų ir virkite uždengę ant vidutinės ugnies 2 minutes.

b) Suberkite miltus ir virkite roux ant vidutiniškai mažos ugnies, plakdami 3 minutes.

c) Supilkite kario miltelius, srovele supilkite pieną, plakdami, pagal skonį druskos ir pipirų.

d) Įmaišykite jūros gėrybių ir morkų mišinį, žirnelius, maltas petražoles ir pakankamai brakonieriavimo skysčio iki norimos konsistencijos.

e) Į kiekvieną paruoštą kremą įdėkite 2 šaukštus mišinio.

45. Sluoksniuotos krevetės Crêpe

Padaro: 4 porcijos

INGRIDIENTAI:

- 8 uncijos Kreminis žolelių-česnakinis sūris
- 8 blyneliai
- ½ svaro Mažų virtų krevečių
- 3 šaukštai pjaustytų šviežių česnakų
- 2½ puodelio susmulkinto jack sūrio

INSTRUKCIJOS:

a) Sūrį pašildykite iki kambario temperatūros. Įkaitinkite orkaitę iki 350 laipsnių.

b) Ant kiekvieno iš keturių blynelių: užtepkite po du TBL česnakinius sūrius.

c) Sūrio puse į viršų dėkite ant sviestu išteptos kepimo skardos arba orkaitėje atsparios serviravimo lėkštės.

d) Sumaišykite krevetes, 2¼ puodelio jack sūrio ir laiškinius česnakus. Padalinkite ir užtepkite ant keturių blynų.

e) Ant kiekvieno uždėkite kitą lietinį ir pabarstykite likusiu jack sūriu.

f) Kepkite, kol įkais, 30–35 minutes.

g) Supjaustykite griežinėliais ir nedelsdami patiekite.

46. Šukutės ir grybų blyneliai

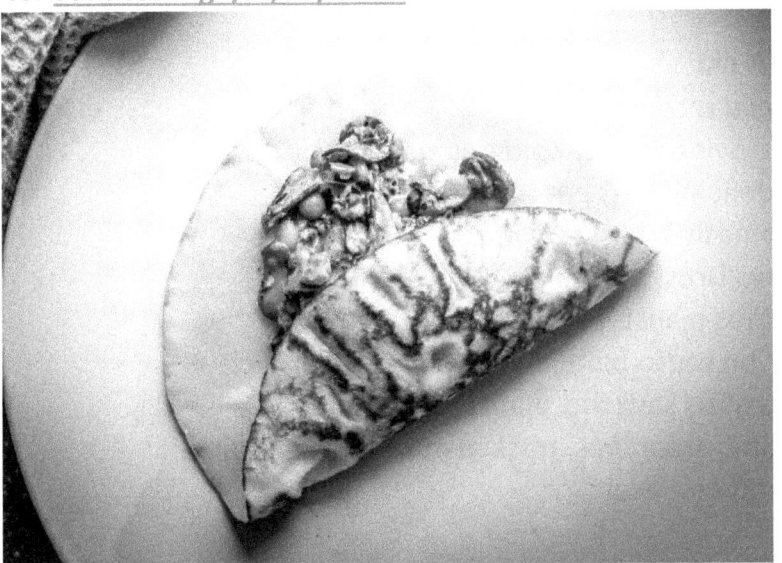

*Gamina:*3 porcijos

INGRIDIENTAI:

- 1 blynelių receptas
- ½ svaro Šviežios arba šaldytos šukutės
- ¾ puodelio plaktos grietinėlės
- 1 valgomasis šaukštas Miltų
- brūkšnys Druska ir pipirai
- 2½ uncijos pjaustytų grybų
- 2 šaukštai sauso baltojo vyno
- 1 valgomasis šaukštas pjaustytų česnakų
- 2 griežinėliai šoninės, traškiai nusausinti, sutrupinti.
- Smulkinti česnakai

INSTRUKCIJOS:

a) Pašildykite blynelius ir atidėkite į šalį. Atšildykite šukutes, jei jos užšaldytos.

b) Puode užpilkite šukutes šaltu vandeniu. Užvirinkite, sumažinkite ugnį ir troškinkite 1 minutę. Nusausinkite ir perpjaukite šukutes. Nedideliame puode į miltus palaipsniui supilkite plaktą grietinėlę, maišykite iki vientisos masės.

c) Įberkite druskos ir pipirų Virkite ir maišykite ant mažos ugnies, kol sutirštės ir ims burbuliuoti.

d) Įmaišykite grybų vyną, 1 a.š. česnako ir trupinto šoninės. Rezervuokite pusę mišinio.

e) Į likusią mišinio pusę įmaišykite šukutes.

f) Apytiksliai ¼ šukučių mišinio šaukštu dėkite į neparudintos lėkštės pusės centrą ir susukite siūle žemyn į negilią kepimo indą.

g) Pakartokite su likusiais blyneliais. Šaukštu užpilkite rezervuoto vyno mišinio ant blynų. Kepkite 370 F orkaitėje 15–18 minučių. Pabarstykite papildomai laiškiniais česnakais.

47. Rūkyta lašiša Crêpe spiralės

Pagamina: 1 porcija

INGRIDIENTAI:

- ½ svaro Smulkiai pjaustyta rūkyta lašiša
- 2 šaukštai grietinėlės sūrio kambario temperatūroje
- 2 šaukštai nesūdyto sviesto, supjaustyto gabalėliais, kambario temperatūros
- 2 arbatiniai šaukšteliai šviežių citrinų sulčių
- 2 arbatiniai šaukšteliai pjaustytų šviežių krapų
- 4 blyneliai

INSTRUKCIJOS:

a) Virtuviniu kombainu sutrinkite pusę, rūkytą lašišą, sudėkite grietinėlės sūrį, sviestą, citrinos sultis ir plakite iki vientisos masės.

b) Supilkite tyrę į dubenį ir įmaišykite krapus.

c) Blyškesnėje kiekvieno kremo pusėje paskleiskite ¼ tyrės mišinio, ant viršaus uždėkite ¼ lašišos griežinėlių.

d) Tvirtai susukite blynelį, kad įdaras būtų įtrauktas į blynelį.

e) Atvėsinkite siūle žemyn, uždengę bent 1 valandą arba tol, kol jie bus pakankamai tvirti, kad būtų galima pjaustyti.

f) Supjaustykite įstrižai ¼ colio storio spiralėmis.

48. Neapdorotų bananų linų blyneliai

Padaro: 4 blyneliai

INGRIDIENTAI:
- 2 sveiki bananai, sutrinti
- ½ stiklinės linų miltų
- ½ puodelio vandens arba pagal poreikį

INSTRUKCIJOS:

a) Įdėkite bananą į greitaeigio maišytuvo dugną.

b) Įpilkite linų miltų ir vandens ir sumaišykite iki vientisos masės.

c) Tolygiai paskirstykite mišinį ant vieno iškloto 14 colių kvadratinio Excalibur Dehydrator padėklo.

d) Dehidratuokite 4–6 valandas 104 ° F temperatūroje arba tol, kol visiškai išdžius.

49. Neapdoroti obuolių blyneliai

Gamina: 4 Įvyniojimai

INGRIDIENTAI:

- 1 puodelis obuolio be šerdies ir kubeliais pjaustytų
- ½ stiklinės linų miltų
- 2 šaukštai agavų sirupo
- ½ puodelio vandens arba pagal poreikį

INSTRUKCIJOS:

a) Įdėkite obuolius į greitaeigio maišytuvo dugną.

b) Įpilkite linų miltų, agavos ir vandens.

c) Ištrinkite iki vientisos masės.

d) Tolygiai paskirstykite mišinį ant vieno iškloto 14 colių kvadratinio Excalibur Dehydrator padėklo.

e) Dehidratuokite 4–6 valandas 104 ° F temperatūroje arba tol, kol visiškai išdžius.

f) Taip pat galite apversti blynelius, nulupti pamušalą ir dar porą valandų dehidratuoti, kol išdžius.

50. Žaliavinio šokolado aviečių blyneliai

Gaminiai: 10blyneliai

INGRIDIENTAI:
KRÊPES KELIAI:
- ¼ puodelio auksinių linų sėmenų, sumaltų
- 1 puodelis lukštentų ir griežinėliais pjaustytų braškių
- ½ puodelio tailandietiško kokoso mėsos
- ½ puodelio vandens
- 1 bananas
- 1 valgomasis šaukštas klevų sirupo
- 1 arbatinis šaukštelis malto cinamono
- ½ arbatinio šaukštelio druskos

ŠOKOLADINIO GANACHE ĮDALIS:
- 1½ mažų prinokusių avokadų be kauliukų ir nuluptų
- ¼ puodelio gryno klevų sirupo
- 2 šaukštai lydyto kokosų aliejaus
- ½ arbatinio šaukštelio vanilės ekstrakto
- ½ puodelio žalios kakavos miltelių
- 1 puodelis šokoladinio padažo

TARNAUTI:
- 2 puodeliai aviečių
- 1 nedidelė rykštė mėtų, papuošimui

INSTRUKCIJOS:
Krepų lukštai:
a) Sumaišykite kremo lukšto ingredientus iki vientisos masės, maždaug 1 minutę.

b) Ant nepridegančio lakšto plonu sluoksniu paskleiskite krepų tešlą ir įdėkite į dehidratatorių.

c) Dehidratuokite krepų lukštus 5 valandas 90 ° F temperatūroje.

d) Po 5 valandų apverskite nepridegantį lakštą ir nulupkite jį nuo krepinės tešlos lakšto.

e) Grąžinkite krepų tešlos lakštą į dehidratatorių, kad jis džiūtų dar 3–5 valandas 90 °F temperatūroje.

f) Nuimkite ir mažu peiliu išpjaukite 3–5 colių apskritimus.

ŠOKOLADINIO GANACHE ĮDALIS:

g) Virtuviniu kombainu sutrinkite avokado minkštimą iki vientisos masės.

h) Supilkite klevų sirupą, ištirpintą kokosų aliejų ir vanilę.

i) Galiausiai suberkite kakavos miltelius ir maišykite, kol šokoladas visiškai susimaišys.

j) Atšaldyti.

SURINKTI:

k) Ištepkite kelis šaukštus šokoladinio ganašo kiekvieno iš 10 krepų lukštų centre.

l) Ant kiekvienos ganache juostelės uždėkite 4 avietes.

m) Susukite kevalą į cilindrą, naudodami šiek tiek lipnaus ganašo, kad užsandarintumėte ritinio persidengimą.

n) \Puoškite šviežiomis mėtomis.

BLYNAI

51. Raudoni aksominiai blynai

Ingridientai:
Užpilas
- ½ puodelio paprasto kefyro
- 2 šaukštai cukraus pudros

Blynai
- 1¾ puodelio senamadiškų valcuotų avižų
- 3 šaukštai kakavos miltelių
- 1½ arbatinio šaukštelio kepimo miltelių
- 1 arbatinis šaukštelis soda
- ¼ arbatinio šaukštelio druskos
- 3 šaukštai klevų sirupo
- 2 šaukštai kokosų aliejaus (tirpinto)
- 1½ puodelio 2% neriebaus pieno
- 1 didelis kiaušinis
- 1 arbatinis šaukštelis raudonų maistinių dažų
- Šokolado drožlės arba drožlės, patiekimui

Kryptys

a) Užpilui sudėkite abu ingredientus į nedidelį dubenį ir maišykite, kol susimaišys. Atidėti.

b) Blynams sudėkite visus elementus į greitaeigį trintuvą ir kaitinkite dideliu greičiu, kad suskystėtų. Įsitikinkite, kad viskas gerai išmaišyta.

c) Leiskite tešlai pailsėti 5–10 minučių. Tai leidžia susijungti visiems ingredientams ir suteikia tešlai geresnę konsistenciją.

d) Nepridegančią keptuvę arba kepsninę gausiai apšlakstykite augaliniu aliejumi ir įkaitinkite ant vidutinės ugnies.

e) Kai keptuvė įkaista, supilkite tešlą naudodami ¼ puodelio matavimo puodelį ir supilkite tešlą į keptuvę, kad pagamintumėte blyną. Naudokite matavimo taurelę, kad padėtumėte formuoti blyną.

f) Kepkite, kol šonai bus sustingę, o viduryje susidarys burbuliukai (apie 2–3 minutes), tada apverskite blyną.

g) Kai blynas iškeps iš tos pusės, nukelkite blyną nuo ugnies ir padėkite ant lėkštės.

h) Tęskite šiuos veiksmus su likusia tešla.

i) Sukraukite ir patiekite su užpilu ir šokolado drožlėmis.

52. Tamsaus šokolado blynai

Ingridientai:
Užpildymas
- 1 puodelis tamsaus šokolado drožlių
- ½ puodelio riebios plaktos grietinėlės

Blynai
- 1¾ puodelio senamadiškų valcuotų avižų
- 1½ arbatinio šaukštelio kepimo miltelių
- 1 arbatinis šaukštelis soda
- ½ arbatinio šaukštelio cinamono
- ¼ arbatinio šaukštelio druskos
- 2 šaukštai kokosų aliejaus (tirpinto)
- 1 valgomasis šaukštas klevų sirupo
- 1 arbatinis šaukštelis vanilės ekstrakto
- 1½ puodelio 2% neriebaus pieno
- 1 didelis kiaušinis
- Cukraus pudra ir griežinėliais pjaustytos braškės, patiekimui

Kryptys
Užpildymui
a) Šokolado drožles supilkite į dubenį, o grietinėlę supilkite į nedidelį puodą.
b) Grietinėlę pakaitinkite, kol kraštai pradės burbuliuoti, tada supilkite ant šokolado.
c) Palikite šokoladą 2 minutes (tai padeda šokoladui ištirpti), tada išmaišykite, kad susidarytų storas ganašas.
d) Kepimo skardą išklokite kepimo popieriumi.
e) Ištepkite 2 colių apvalios sausainių formelės vidų.
f) Į sausainių formelę supilkite 1 arbatinį šaukštelį šokolado ir paskleiskite taip, kad susidarytų apskritimas. Nuimkite pjaustytuvą ir toliau darykite ganache apskritimus (turėtų gautis apie šešis).
g) Įdėkite kepimo skardą į šaldiklį ir užšaldykite ganache mažiausiai 4 valandas iki nakties.

Dėl blynų

a) Visus produktus, išskyrus braškes, sudėkite į greitaeigį trintuvą ir sumaišykite, kad suskystėtų. Įsitikinkite, kad viskas gerai išmaišyta.
b) Supilkite tešlą į dubenį ir palikite 2–3 minutes. Tai leidžia tešlai sutirštėti, kad apverčiant blynus joje gali būti šokoladas.
c) Nepridegančią keptuvę arba kepsninę gausiai apšlakstykite augaliniu aliejumi ir įkaitinkite ant vidutinės ugnies.
d) Kai keptuvė įkaista, ¼ puodelio matavimo puodeliu supilkite tešlą į keptuvę.
e) Matavimo puodeliu švelniai paskirstykite tešlą į apvalią formą.
f) Į tešlos centrą įdėkite 1 šaldytą ganache apskritimą (apverstą taip, kad gumuliuota pusė būtų žemyn) ir švelniai įspauskite į tešlą. Supilkite daugiau tešlos ant ganache apskritimo, kol jis bus padengtas.
g) Kepkite, kol tešla išdžius (apie 3–4 minutes), tada atsargiai apverskite blyną.
h) Tęskite kepimą, kol kita blyno pusė taps auksinės rudos spalvos.
i) Kai blynas iškeps iš tos pusės, nukelkite blyną nuo ugnies ir padėkite į lėkštę.
j) Tęskite su likusia tešla ir šokoladu.
k) Patiekite blynelius su cukraus pudra ir pjaustytomis braškėmis.

53. Apversti ananasiniai blynai

Ingridientai:

- 1 (20 uncijų) skardinės ananasų žiedai (nusausinti)
- 1¾ puodelio senamadiškų valcuotų avižų
- 1½ arbatinio šaukštelio kepimo miltelių
- 1 arbatinis šaukštelis soda
- ½ arbatinio šaukštelio cinamono
- ¼ arbatinio šaukštelio druskos
- 2 šaukštai klevų sirupo
- 2 šaukštai kokosų aliejaus (tirpinto)
- 1½ puodelio 2% neriebaus pieno
- 1 didelis kiaušinis
- rudas cukrus
- Maraschino vyšnios (nuimtos stiebas ir perpjautos pusiau), skirtos patiekti

Kryptys

a) Padėkite ananasų žiedus ant dvigubo popierinio rankšluosčio sluoksnio, kad nuvarvėtų skysčio perteklius.

b) Visus produktus, išskyrus ananasus, rudąjį cukrų ir maraschino vyšnias, sudėkite į greitaeigį trintuvą ir kaitinkite dideliu greičiu, kad suskystėtų. Įsitikinkite, kad viskas gerai išmaišyta.

c) Supilkite tešlą į dubenį ir palikite 2–3 minutes. Tai leidžia tešlai sutirštėti, kad apverčiant blynus joje tilptų ananasų žiedeliai.

d) Neprideganačią keptuvę arba kepsninę gausiai apšlakstykite augaliniu aliejumi ir įkaitinkite ant vidutinės ugnies.

e) Kai keptuvė įkaista, ¼ puodelio matavimo puodeliu supilkite tešlą į keptuvę. Matavimo puodeliu švelniai paskirstykite tešlą į apvalią formą.

f) Į tešlos centrą įdėkite ananaso žiedą ir švelniai įspauskite į tešlą. Lengvai pabarstykite rudojo cukraus tiesiai ant ananaso žiedo.

g) Kepkite, kol tešla išdžius (apie 3–4 minutes), tada atsargiai apverskite blyną.

h) Tęskite virti, kol ananasas bus geras ir karamelizuotas.

i) Kai blynas iškeps iš tos pusės, nukelkite blyną nuo ugnies ir padėkite į lėkštę.

j) Kiekvieną blyną patiekite su maraschino vyšnia, įdėta ananaso centre.

54. Blyneliai su citrininiu meringue

Ingridientai:

Meringue

- 4 dideli kiaušinių baltymai
- 3 šaukštai cukraus

Blynai

- 2 kiaušiniai
- ½ stiklinės varškės
- ½ arbatinio šaukštelio vanilės ekstrakto
- 1 valgomasis šaukštas medaus
- ¼ puodelio speltos miltų
- ½ arbatinio šaukštelio kepimo miltelių
- ¼ arbatinio šaukštelio kepimo sodos
- 2 arbatiniai šaukšteliai becukrės citrinos Jell-O mišinio

Kryptys

Dėl Meringue

a) Į dubenį sudėkite kiaušinių baltymus ir plakite, kol susidarys minkštos smailės. Minkštos smailės susidaro, kai ištraukiate plaktuvą iš mišinio ir smailė susidaro, bet greitai nukrenta.

b) Į kiaušinių baltymus suberkite cukrų ir toliau plakite iki standžių putų. Kietos smailės susidaro, kai iš mišinio ištraukiate plaktuvus, o smailė susidaro ir išlaiko savo formą.

c) Meringue atidėkite į šalį.

d) Kiaušinius, varškę, vanilę ir medų išplakite kartu ir atidėkite.

e) Kitame dubenyje sumaišykite sausus ingredientus, kol jie gerai susimaišys.

f) Sudėkite šlapius ingredientus į sausus ingredientus ir plakite, kol gerai susimaišys.

g) Nepridegančią keptuvę arba kepsninę gausiai apšlakstykite augaliniu aliejumi ir įkaitinkite ant vidutinės ugnies.

h) Kai keptuvė įkaista, supilkite tešlą naudodami ¼ puodelio matavimo puodelį ir supilkite tešlą į keptuvę, kad pagamintumėte blyną. Naudokite matavimo taurelę, kad padėtumėte formuoti blyną.

i) Kepkite, kol šonai bus sustingę, o viduryje susidarys burbuliukai (apie 2–3 minutes), tada apverskite blyną.

j) Kai blynas iškeps iš tos pusės, nukelkite blyną nuo ugnies ir padėkite ant lėkštės.

k) Tęskite šiuos veiksmus su likusia tešla.

l) Viršutiniai blynai su meringue.

m) Norėdami paskrudinti meringue, galite naudoti degiklį, kad švelniai paruduotų kraštelius, arba blynus galite pakepti po karštu broileriu 2–3 minutes.

55. Cinamoniniai blynai

Ingridientai:
Anakardžių grietinėlės sūrio užpilas
- 1 puodelis žalių anakardžių
- ⅓ puodelio vandens
- 2 šaukštai medaus
- 1 arbatinis šaukštelis obuolių sidro acto
- 1 arbatinis šaukštelis citrinos sulčių
- ½ arbatinio šaukštelio vanilės ekstrakto
- ½ arbatinio šaukštelio košerinės druskos

Cinamono įdaras
- ½ stiklinės rudojo cukraus
- 4 šaukštai sviesto, lydyto
- 3 arbatiniai šaukšteliai cinamono

Blynai
- 1¾ puodelio senamadiškų valcuotų avižų
- 1½ arbatinio šaukštelio kepimo miltelių
- 1 arbatinis šaukštelis soda
- ½ arbatinio šaukštelio cinamono
- ¼ arbatinio šaukštelio druskos
- 2 šaukštai kokosų aliejaus, ištirpinto
- 1 valgomasis šaukštas klevų sirupo
- 1 didelis kiaušinis
- 1 arbatinis šaukštelis vanilės ekstrakto
- 1½ puodelio 2% neriebaus pieno

Kryptys
a) Mirkykite anakardžius vandenyje per naktį.
b) Nusausinkite anakardžius, tada sudėkite juos į trintuvą kartu su likusiais ingredientais.
c) Sutrinkite anakardžių mišinį, kol jis taps kreminis ir neliks gabalėlių.
d) Užpildą nubraukite į indą su nedideliu dangteliu ir atidėkite į šalį.
Cinamoniniam įdarui
a) Sudėkite visus ingredientus ir išmaišykite, kad susimaišytų, įsitikinkite, kad nesulaužėte gabalėlių.

b) Supilkite šį mišinį į sumuštinių maišelį. Nupjausite nuo maišelio kampinį galą ir naudosite jį kaip išspaudžiamą maišelį, kad cinamono sūkurį uždėtų ant blynų.

Dėl blynų

a) Sudėkite visus ingredientus į maišytuvą. Ištirpęs kokosų aliejus gali sukietėti, kai jis derinamas su šaltesniais ingredientais, todėl, jei norite, galite šiek tiek pašildyti pieną, kad taip neatsitiktų.

b) Viską sutrinkite maišytuve, kol gausis vientisas skystis.

c) Blynų mišinį supilkite į didelį dubenį.

d) Leiskite tešlai pailsėti 5–10 minučių. Tai leidžia susijungti visiems ingredientams ir suteikia tešlai geresnę konsistenciją.

e) Nepridegančią keptuvę arba kepsninę gausiai apšlakstykite augaliniu aliejumi ir įkaitinkite ant vidutinės ugnies.

f) Kai keptuvė įkaista, supilkite tešlą naudodami ¼ puodelio matavimo puodelį ir supilkite tešlą ant keptuvės, kad pagamintumėte blyną. Matavimo puodeliu švelniai paskirstykite tešlą į apvalią formą.

g) Iš cinamono įdaro maišelio nupjaukite galiuką ir ant blyno išspauskite cinamono suktuką.

h) Kepkite, kol šonai bus sustingę, o viduryje susidarys burbuliukai (apie 2–3 minutes), tada apverskite blyną.

i) Kai blynas iškeps iš tos pusės, nukelkite blyną nuo ugnies ir padėkite ant lėkštės.

j) Patiekite blynus su anakardžių grietinėlės sūrio užpilu.

56. Kefyro blynai

Ingridientai:

- 1½ stiklinės speltos miltų
- 1½ arbatinio šaukštelio kepimo miltelių
- 1 arbatinis šaukštelis soda
- ½ arbatinio šaukštelio druskos
- 2 šaukštai kokosų aliejaus, ištirpinto
- 2 dideli kiaušiniai, sumušti
- ¼ puodelio 2% neriebaus pieno
- 1¼ puodelio paprasto kefyro, šiek tiek pašildyto
- ¼ puodelio klevų sirupo
- Mėlynės, patiekimui (nebūtina)

Kryptys

a) Į didelį dubenį suberkite miltus, kepimo miltelius, soda ir druską ir gerai išplakite, kad susimaišytų.

b) Į kitą dubenį sudėkite likusius ingredientus ir gerai išplakite, kad susimaišytų. Ištirpęs kokosų aliejus gali sukietėti, kai jis derinamas su šaltesniais ingredientais, todėl, jei norite, galite šiek tiek pašildyti pieną, kad taip neatsitiktų.

c) Supilkite šlapius ingredientus į sausus ingredientus ir plakite, kol visi ingredientai sušlaps.

d) Leiskite tešlai pailsėti 2–3 minutes. Tai leidžia susijungti visiems ingredientams ir suteikia tešlai geresnę konsistenciją.

e) Nepridegančią keptuvę arba kepsninę gausiai apšlakstykite augaliniu aliejumi ir įkaitinkite ant vidutinės ugnies.

f) Kai keptuvė įkaista, supilkite tešlą naudodami ¼ puodelio matavimo puodelį ir supilkite tešlą į keptuvę, kad pagamintumėte blyną. Naudokite matavimo taurelę, kad padėtumėte formuoti blyną.

g) Kepkite, kol šonai bus sustingę, o viduryje susidarys burbuliukai (apie 2–3 minutes), tada apverskite blyną.

h) Kai blynas iškeps iš tos pusės, nukelkite blyną nuo ugnies ir padėkite ant lėkštės.

i) Tęskite šiuos veiksmus su likusia tešla. Patiekite su mėlynėmis, jei norite.

57. Varškės blynai

Ingridientai:

- ¼ puodelio speltos miltų
- ½ arbatinio šaukštelio kepimo miltelių
- ¼ arbatinio šaukštelio kepimo sodos
- ⅛ arbatinio šaukštelio cinamono
- ⅛ arbatinio šaukštelio druskos
- 2 dideli kiaušiniai, sumušti
- ½ puodelio 2% neriebios varškės
- 1 valgomasis šaukštas medaus
- ½ arbatinio šaukštelio vanilės ekstrakto
- Braškės, patiekimui (nebūtina)

Kryptys

a) Sudėkite visus sausus ingredientus į dubenį ir plakite, kol gerai susimaišys.

b) Atskirame dubenyje suplakite šlapius ingredientus.

c) Sudėkite šlapius ingredientus į sausus ingredientus ir išplakite, kad jie gerai susimaišytų.

d) Leiskite tešlai pailsėti 5–10 minučių. Tai leidžia susijungti visiems ingredientams ir suteikia jums geresnę tešlos konsistenciją.

e) Nepridegančią keptuvę arba kepsninę gausiai apšlakstykite augaliniu aliejumi ir įkaitinkite ant vidutinės ugnies.

f) Kai keptuvė įkaista, supilkite tešlą naudodami ¼ puodelio matavimo puodelį ir supilkite tešlą į keptuvę, kad pagamintumėte blyną. Naudokite matavimo taurelę, kad padėtumėte formuoti blyną.

g) Kepkite, kol šonai bus sustingę, o viduryje susidarys burbuliukai (apie 2–3 minutes), tada apverskite blyną.

h) Kai blynas iškeps iš tos pusės, nukelkite blyną nuo ugnies ir padėkite ant lėkštės.

i) Tęskite šiuos veiksmus su likusia tešla. Patiekite su braškėmis, jei norite.

58. Avižiniai blynai

Ingridientai:

- 1¾ puodelio senamadiškų valcuotų avižų
- 1½ arbatinio šaukštelio kepimo miltelių
- 1 arbatinis šaukštelis soda
- ½ arbatinio šaukštelio cinamono
- ¼ arbatinio šaukštelio druskos
- 2 šaukštai kokosų aliejaus, ištirpinto
- 1 valgomasis šaukštas klevų sirupo
- 1 didelis kiaušinis
- 1 arbatinis šaukštelis vanilės ekstrakto
- 1½ puodelio 2% neriebaus pieno
- Braškės ir mėlynės, patiekimui (nebūtina)

Kryptys

a) Sudėkite visus ingredientus į maišytuvą. Ištirpęs kokosų aliejus gali sukietėti, kai jis derinamas su šaltesniais ingredientais, todėl, jei norite, galite šiek tiek pašildyti pieną, kad taip neatsitiktų.

b) Viską sutrinkite maišytuve, kol gausis vientisas skystis.

c) Blynų mišinį supilkite į didelį dubenį.

d) Leiskite tešlai pailsėti 5–10 minučių. Tai leidžia susijungti visiems ingredientams ir suteikia tešlai geresnę konsistenciją.

e) Nepridegančią keptuvę arba kepsninę gausiai apšlakstykite augaliniu aliejumi ir įkaitinkite ant vidutinės ugnies.

f) Kai keptuvė įkaista, supilkite tešlą naudodami ¼ puodelio matavimo puodelį ir supilkite tešlą į keptuvę, kad pagamintumėte blyną. Naudokite matavimo taurelę, kad padėtumėte formuoti blyną.

g) Kepkite, kol šonai bus sustingę, o viduryje susidarys burbuliukai (apie 2–3 minutes), tada apverskite blyną.

h) Kai blynas iškeps iš tos pusės, nukelkite blyną nuo ugnies ir padėkite ant lėkštės.

i) Tęskite šiuos veiksmus su likusia tešla. Jei norite, patiekite su uogomis.

59. 3-Ingredientų blynai

Ingridientai:

- 1 prinokęs bananas ir dar daugiau patiekimui
- 2 dideli kiaušiniai
- ½ arbatinio šaukštelio kepimo miltelių

Kryptys

a) Įdėkite bananą į dubenį ir sutrinkite, kol jis taps gražus ir kreminis – be gabalėlių.

b) Į kitą dubenį įmuškite kiaušinius ir plakite, kol jie gerai susimaišys.

c) Į dubenį su bananais suberkite kepimo miltelius ir įmuškite kiaušinius. Plakite, kad viskas būtų visiškai sujungta.

d) Nepridegančią keptuvę arba kepsninę gausiai apšlakstykite augaliniu aliejumi ir įkaitinkite ant vidutinės ugnies.

e) Kai keptuvė įkaista, į keptuvę įpilkite 2 šaukštus tešlos, kad pagamintumėte blyną.

f) Kepkite, kol šonai pasirodys sustingę (nematysite jokių burbuliukų), tada atsargiai apverskite blyną.

g) Kai blynas iškeps iš tos pusės, nukelkite blyną nuo ugnies ir padėkite į lėkštę.

h) Tęskite šiuos veiksmus su likusia tešla. Jei norite, patiekite su griežinėliais pjaustytu bananu.

60. Migdolų sviesto blynai

Ingridientai:
- 1 didelis kiaušinis
- 1 valgomasis šaukštas kokosų aliejaus, ištirpintas
- 1 valgomasis šaukštas klevų sirupo
- 1 valgomasis šaukštas migdolų sviesto, dar daugiau – patiekimui
- 1 arbatinis šaukštelis kepimo miltelių
- ½ arbatinio šaukštelio vanilės ekstrakto
- ¼ arbatinio šaukštelio druskos
- ½ puodelio 2% neriebaus pieno
- ¾ puodelio speltos miltų
- Vyšnios, patiekimui (nebūtina)

Kryptys

a) Į didelį dubenį supilkite kiaušinį, kokosų aliejų, klevų sirupą, migdolų sviestą, kepimo miltelius, vanilę ir druską, tada gerai išplakite.

b) Į mišinį įpilkite pieno ir vėl plakite, kad susimaišytų.

c) Į masę suberkite miltus ir gerai išplakite, kad ingredientai susimaišytų.

d) Leiskite tešlai pailsėti 2–3 minutes. Tai leidžia tešlai sutirštėti, kad visi ingredientai susijungtų.

e) Nepridegančią keptuvę arba kepsninę gausiai apšlakstykite augaliniu aliejumi ir įkaitinkite ant vidutinės ugnies.

f) Kai keptuvė įkaista, supilkite tešlą naudodami ¼ puodelio matavimo puodelį ir supilkite tešlą į keptuvę, kad pagamintumėte blyną. Naudokite matavimo taurelę, kad padėtumėte formuoti blyną.

g) Kepkite, kol šonai bus sustingę, o viduryje susidarys burbuliukai (apie 2–3 minutes), tada apverskite blyną.

h) Kai blynas iškeps iš tos pusės, nukelkite blyną nuo ugnies ir padėkite ant lėkštės.

i) Tęskite šiuos veiksmus su likusia tešla.

j) Patiekite blynus su lydytu migdolų sviestu ir vyšniomis, jei norite. Norėdami ištirpinti migdolų sviestą, supilkite norimą kiekį į mikrobangų krosnelėje tinkamą indą ir kaitinkite aukštoje temperatūroje kas 30 sekundžių, kol ištirps. Maišykite tarp kaitinimo.

61. Tiramisu blynai

Ingridientai:
- 1¾ puodelio senamadiškų valcuotų avižų
- 1½ šaukšto vanilinio Jell-O pudingo mišinio be cukraus
- 2 arbatiniai šaukšteliai tirpios espreso kavos
- 1½ arbatinio šaukštelio kakavos miltelių
- 1½ arbatinio šaukštelio kepimo miltelių
- 1 arbatinis šaukštelis soda
- ½ arbatinio šaukštelio cinamono
- ¼ arbatinio šaukštelio druskos
- 2 šaukštai kokosų aliejaus, ištirpinto
- 1 valgomasis šaukštas klevų sirupo
- 1 didelis kiaušinis
- 1 arbatinis šaukštelis vanilės ekstrakto
- 1 puodelis 2% neriebaus pieno
- Plakta grietinėlė, patiekimui
- Šokolado drožlės, patiekimui

Kryptys

a) Sudėkite visus ingredientus, išskyrus plaktą grietinėlę ir šokolado drožles, į maišytuvą. Ištirpęs kokosų aliejus gali sukietėti, kai jis derinamas su šaltesniais ingredientais, todėl, jei norite, galite šiek tiek pašildyti pieną, kad taip neatsitiktų.

b) Viską sutrinkite maišytuve, kol gausis vientisas skystis.

c) Blynų mišinį supilkite į didelį dubenį.

d) Leiskite tešlai pailsėti 2–3 minutes. Tai leidžia susijungti visiems ingredientams ir suteikia tešlai geresnę konsistenciją.

e) NeprideganČią keptuvę arba kepsninę gausiai apšlakstykite augaliniu aliejumi ir įkaitinkite ant vidutinės ugnies.

f) Kai keptuvė įkaista, supilkite tešlą naudodami ¼ puodelio matavimo puodelį ir supilkite tešlą į keptuvę, kad pagamintumėte blyną. Naudokite matavimo taurelę, kad padėtumėte formuoti blyną.

g) Kepkite, kol šonai bus sustingę, o viduryje susidarys burbuliukai (apie 2–3 minutes), tada apverskite blyną.

h) Kai blynas iškeps iš tos pusės, nukelkite blyną nuo ugnies ir padėkite ant lėkštės.

i) Tęskite šiuos veiksmus su likusia tešla.

j) Ant viršaus uždėkite plaktos grietinėlės ir šokolado drožlių.

62. Citrininiai mėlynių blynai

Ingridientai:
- 1½ stiklinės speltos miltų
- 1½ arbatinio šaukštelio kepimo miltelių
- 1 arbatinis šaukštelis soda
- ½ arbatinio šaukštelio druskos
- 1 citrinos žievelė
- 2 šaukštai kokosų aliejaus, ištirpinto
- 2 dideli kiaušiniai, sumušti
- ¼ puodelio 2% neriebaus pieno
- ¼ puodelio klevų sirupo ir dar daugiau patiekimui
- 1¼ stiklinės paprasto kefyro (šiek tiek pašildyto)
- ½ puodelio mėlynių

Kryptys

a) Į didelį dubenį suberkite miltus, kepimo miltelius, soda ir druską ir gerai išplakite, kad susimaišytų.

b) Į dubenį supilkite kokosų aliejų, kiaušinius, pieną, klevų sirupą, citrinos žievelę ir kefyrą ir išplakite. Ištirpęs kokosų aliejus gali sukietėti, kai jis derinamas su šaltesniais ingredientais, todėl, jei norite, galite šiek tiek pašildyti kefyrą, kad taip neatsitiktų.

c) Supilkite šlapius ingredientus į sausus ingredientus ir plakite, kol visi ingredientai sušlaps.

d) Leiskite tešlai pailsėti 2–3 minutes. Tai leidžia susijungti visiems ingredientams ir suteikia tešlai geresnę konsistenciją.

e) Nepridegančią keptuvę arba kepsninę gausiai apšlakstykite augaliniu aliejumi ir įkaitinkite ant vidutinės ugnies.

f) Kai keptuvė įkaista, supilkite tešlą naudodami ¼ puodelio matavimo puodelį ir supilkite tešlą į keptuvę, kad pagamintumėte blyną. Naudokite matavimo taurelę, kad padėtumėte formuoti blyną.

g) Ant kiekvieno blyno uždėkite 3–5 mėlynes. Uogas laikykite link centro, kad būtų lengviau apversti blyną.

h) Kepkite, kol šonai bus sustingę, o viduryje susidarys burbuliukai (apie 2–3 minutes), tada apverskite blyną.

i) Kai blynas iškeps iš tos pusės, nukelkite blyną nuo ugnies ir padėkite ant lėkštės.

j) Tęskite šiuos veiksmus su likusia tešla. Patiekite su klevų sirupu.

63. Kvinojos blynai

Ingridientai:

- 1 puodelis (bet kokios spalvos) virtos quinoa
- ¾ puodelio quinoa miltų
- 2 arbatinius šaukštelius kepimo miltelių
- ½ arbatinio šaukštelio druskos
- 1 valgomasis šaukštas lydyto sviesto
- ¼ puodelio graikiško jogurto
- 2 šaukštai 2% neriebaus pieno
- 2 dideli kiaušiniai, sumušti
- 2 šaukštai klevų sirupo
- 1 arbatinis šaukštelis vanilės ekstrakto
- Vaisių konservai, patiekimui (nebūtina)

a) Į didelį dubenį suberkite quinoa, miltus, kepimo miltelius ir druską ir gerai išplakite, kad susimaišytų.

b) Kitame dubenyje išplakite sviestą, jogurtą, pieną, kiaušinius, klevų sirupą ir vanilę. Viską išplakite, kad gerai susimaišytų.

c) Sudėkite šlapius ingredientus į sausus ingredientus ir plakite, kol gerai susimaišys.

d) Leiskite tešlai pailsėti 2–3 minutes. Tai leidžia susijungti visiems ingredientams ir suteikia tešlai geresnę konsistenciją.

e) Nepridegančią keptuvę arba kepsninę gausiai apšlakstykite augaliniu aliejumi ir įkaitinkite ant vidutinės ugnies.

f) Kai keptuvė įkaista, supilkite tešlą naudodami ¼ puodelio matavimo puodelį ir supilkite tešlą į keptuvę, kad pagamintumėte blyną. Naudokite matavimo taurelę, kad padėtumėte formuoti blyną.

g) Kepkite, kol šonai bus sustingę, o viduryje susidarys burbuliukai (apie 2–3 minutes), tada apverskite blyną.

h) Kai blynas iškeps iš tos pusės, nukelkite blyną nuo ugnies ir padėkite ant lėkštės.

i) Tęskite šiuos veiksmus su likusia tešla. Jei pageidaujate, patiekite su vaisių konservais.

64. Graikiški jogurtiniai avižiniai blynai

Ingridientai:

- 1¾ puodelio senamadiškų valcuotų avižų
- 1½ arbatinio šaukštelio kepimo miltelių
- 1 arbatinis šaukštelis soda
- ½ arbatinio šaukštelio cinamono
- ¼ arbatinio šaukštelio druskos
- 1 didelis kiaušinis
- 2 šaukštai kokosų aliejaus, ištirpinto
- 1 valgomasis šaukštas klevų sirupo ir dar daugiau patiekimui
- 1 arbatinis šaukštelis vanilės ekstrakto
- 1 puodelis paprasto graikiško jogurto
- ¼ puodelio 2% neriebaus pieno

Kryptys

a) Sudėkite visus ingredientus į maišytuvą. Ištirpęs kokosų aliejus gali sukietėti, kai jis derinamas su šaltesniais ingredientais, todėl, jei norite, galite šiek tiek pašildyti pieną, kad taip neatsitiktų.

b) Viską sutrinkite maišytuve, kol gausis vientisas skystis.

c) Blynų mišinį supilkite į didelį dubenį.

d) Leiskite tešlai pailsėti 5–10 minučių. Tai leidžia susijungti visiems ingredientams ir suteikia tešlai geresnę konsistenciją.

e) Nepridegančią keptuvę arba kepsninę gausiai apšlakstykite augaliniu aliejumi ir įkaitinkite ant vidutinės ugnies.

f) Kai keptuvė įkaista, supilkite tešlą naudodami ¼ puodelio matavimo puodelį ir supilkite tešlą į keptuvę, kad pagamintumėte blyną. Naudokite matavimo taurelę, kad padėtumėte formuoti blyną.

g) Kepkite, kol šonai bus sustingę, o viduryje susidarys burbuliukai (apie 2 minutes), tada blyną apverskite.

h) Kai blynas iškeps iš tos pusės, nukelkite blyną nuo ugnies ir padėkite ant lėkštės.

i) Tęskite šiuos veiksmus su likusia tešla. Patiekite su klevų sirupu.

65. Imbieriniai blynai

Ingridientai:
Užpilas

- ¼ puodelio paprasto graikiško jogurto
- 1 valgomasis šaukštas klevų sirupo

Blynai

- 1 puodelis speltos miltų
- 1 arbatinis šaukštelis soda
- 1 arbatinis šaukštelis malto imbiero
- 1 arbatinis šaukštelis maltų kvapiųjų pipirų
- 1 arbatinis šaukštelis cinamono
- ¼ arbatinio šaukštelio maltų gvazdikėlių
- ¼ arbatinio šaukštelio druskos
- 1 didelis kiaušinis
- ½ puodelio 2% neriebaus pieno
- 3 šaukštai klevų sirupo
- 1 arbatinis šaukštelis vanilės ekstrakto

Kryptys

a) Sumaišykite graikišką jogurtą ir klevų sirupą, kol gerai susimaišys, ir atidėkite.

b) Į didelį dubenį suberkite speltos miltus, soda, imbierą, kvapiuosius pipirus, cinamoną, gvazdikėlius ir druską ir gerai išplakite, kad susimaišytų.

c) Kitame dubenyje suplakite kiaušinį, pieną, klevų sirupą ir vanilę, kol gerai susimaišys.

d) Sudėkite šlapius ingredientus į sausus ingredientus ir plakite, kol gerai susimaišys.

e) Leiskite tešlai pailsėti 2–3 minutes. Tai leidžia susijungti visiems ingredientams ir suteikia tešlai geresnę konsistenciją.

f) Nepridegančią keptuvę arba kepsninę gausiai apšlakstykite augaliniu aliejumi ir įkaitinkite ant vidutinės ugnies.

g) Kai keptuvė įkaista, supilkite tešlą naudodami ¼ puodelio matavimo puodelį ir supilkite tešlą į keptuvę, kad pagamintumėte blyną.

h) Kepkite, kol šonai pasirodys sustingę, o viduryje susidarys burbuliukai.

i) Kai blynas iškeps iš tos pusės, nukelkite blyną nuo ugnies ir padėkite ant lėkštės.

j) Tęskite šiuos veiksmus su likusia tešla. Patiekite su jogurto užpilu.

66. Graikiški jogurtiniai blynai

Ingridientai:

- 1 puodelis speltos miltų
- ½ arbatinio šaukštelio kepimo miltelių
- ½ arbatinio šaukštelio kepimo sodos
- ¾ puodelio paprasto graikiško jogurto
- ½ puodelio + 2 šaukštai 2% neriebaus pieno
- 1 didelis kiaušinis
- 2 šaukštai klevų sirupo

Kryptys

a) Į dubenį suberkite miltus, kepimo miltelius ir sodą ir išplakite.

b) Kitame dubenyje suplakite jogurtą, pieną, kiaušinį ir klevų sirupą, kol gerai susimaišys.

c) Sudėkite šlapius ingredientus į sausus ingredientus ir plakite, kol gerai susimaišys.

d) Leiskite tešlai pailsėti 2–3 minutes. Tai leidžia susijungti visiems ingredientams ir suteikia tešlai geresnę konsistenciją.

e) Nepridegančią keptuvę arba kepsninę gausiai apšlakstykite augaliniu aliejumi ir įkaitinkite ant vidutinės ugnies.

f) Kai keptuvė įkaista, supilkite tešlą naudodami ¼ puodelio matavimo puodelį ir supilkite tešlą į keptuvę, kad pagamintumėte blyną. Naudokite matavimo taurelę, kad padėtumėte formuoti blyną.

g) Kepkite, kol šonai bus sustingę, o viduryje susidarys burbuliukai (apie 2–3 minutes), tada apverskite blyną.

h) Kai blynas iškeps iš tos pusės, nukelkite blyną nuo ugnies ir padėkite ant lėkštės.

i) Tęskite šiuos veiksmus su likusia tešla.

67. Avižiniai razinų sausainių blynai

Ingridientai:
Užpilas
- ½ stiklinės cukraus pudros
- 1 valgomasis šaukštas 2% neriebaus pieno

Blynai
- 1¾ puodelio senamadiškų valcuotų avižų
- 2 šaukštai rudojo cukraus
- 1½ arbatinio šaukštelio kepimo miltelių
- 1 arbatinis šaukštelis soda
- ½ arbatinio šaukštelio cinamono
- ¼ arbatinio šaukštelio druskos
- 2 šaukštai kokosų aliejaus, ištirpinto
- 1 arbatinis šaukštelis vanilės ekstrakto
- 1 puodelis 2% neriebaus pieno
- ⅓ puodelio kapotų auksinių razinų

Kryptys
Užpilui

a) Nedideliame dubenyje sumaišykite cukraus pudrą ir pieną iki vientisos masės. Atidėti.
b) Dėl blynų
c) Sudėkite visus ingredientus, išskyrus razinas, į maišytuvą. Ištirpęs kokosų aliejus gali sukietėti, kai jis derinamas su šaltesniais ingredientais, todėl, jei norite, galite šiek tiek pašildyti pieną, kad taip neatsitiktų.
d) Viską sutrinkite maišytuve, kol gausis vientisas skystis.
e) Blynų mišinį supilkite į didelį dubenį.
f) Įmaišykite susmulkintas razinas.
g) Leiskite tešlai pailsėti 5–10 minučių. Tai leidžia susijungti visiems ingredientams ir suteikia tešlai geresnę konsistenciją.
h) Nepridegančią keptuvę arba kepsninę gausiai apšlakstykite augaliniu aliejumi ir įkaitinkite ant vidutinės ugnies.
i) Kai keptuvė įkaista, supilkite tešlą naudodami ¼ puodelio matavimo puodelį ir supilkite tešlą į keptuvę, kad

pagamintumėte blyną. Naudokite matavimo taurelę, kad padėtumėte formuoti blyną.

j) Kepkite, kol šonai bus sustingę, o viduryje susidarys burbuliukai (apie 2–3 minutes), tada apverskite blyną.

k) Kai blynas iškeps iš tos pusės, nukelkite blyną nuo ugnies ir padėkite ant lėkštės.

l) Tęskite šiuos veiksmus su likusia tešla.

m) Ant viršaus užpilame cukrumi.

68. Žemės riešutų sviesto ir želė blyneliai

Ingridientai:

- 1½ stiklinės speltos miltų
- ¾ puodelio žemės riešutų sviesto miltelių
- 1½ arbatinio šaukštelio kepimo miltelių
- 1 arbatinis šaukštelis soda
- ½ arbatinio šaukštelio druskos
- 2 dideli kiaušiniai, sumušti
- 1 valgomasis šaukštas sviesto, ištirpinto
- 1½ puodelio 2% neriebaus pieno
- Concord vynuogių želė, patiekimui

Kryptys

a) Į dubenį suberkite miltus, žemės riešutų sviesto miltelius, kepimo miltelius, soda, druską ir išplakite, kad sumaišytumėte.

b) Kitame dubenyje suplakite kiaušinius, sviestą ir pieną iki vientisos masės.

c) Sudėkite šlapius ingredientus į sausus ingredientus ir plakite, kol gerai susimaišys.

d) Leiskite tešlai pailsėti 2–3 minutes. Tai leidžia susijungti visiems ingredientams ir suteikia tešlai geresnę konsistenciją.

e) Nepridegančią keptuvę arba kepsninę gausiai apšlakstykite augaliniu aliejumi ir įkaitinkite ant vidutinės ugnies.

f) Kai keptuvė įkaista, supilkite tešlą naudodami ¼ puodelio matavimo puodelį ir supilkite tešlą į keptuvę, kad pagamintumėte blyną. Naudokite matavimo taurelę, kad padėtumėte formuoti blyną.

g) Kepkite, kol šonai bus sustingę, o viduryje susidarys burbuliukai (apie 2–3 minutes), tada apverskite blyną.

h) Kai blynas iškeps iš tos pusės, nukelkite blyną nuo ugnies ir padėkite ant lėkštės.

i) Tęskite šiuos veiksmus su likusia tešla. Ant viršaus uždėkite vynuogių želė.

69. Šoninės blynai

Ingridientai:

- 8 griežinėliai centre supjaustytos šoninės
- 1½ stiklinės speltos miltų
- 1½ arbatinio šaukštelio kepimo miltelių
- 1 arbatinis šaukštelis soda
- ½ arbatinio šaukštelio druskos
- 2 dideli kiaušiniai, sumušti
- 1 valgomasis šaukštas sviesto, ištirpinto
- 1 arbatinis šaukštelis vanilės ekstrakto
- 1¼ puodelio 2% neriebaus pieno
- ¼ puodelio klevų sirupo

Kryptys

a) Įkaitinkite orkaitę iki 350°F.

b) Šoninę vienu sluoksniu išdėliokite ant kepimo skardos, išklotos pergamentiniu popieriumi. Tai labai palengvina valymą.

c) Šoninę įkiškite į orkaitę ir kepkite 30 minučių arba tol, kol šoninė paruduos.

d) Išimame šoninę iš orkaitės ir dedame ant popieriniu rankšluosčiu išklotos lėkštės, kad atvėstų.

e) Į didelį dubenį suberkite miltus, kepimo miltelius, soda ir druską. Suplakite, kad sumaišykite ingredientus.

f) Į kitą dubenį supilkite kiaušinius, sviestą, vanilę, pieną ir klevų sirupą ir išplakite, kad sumaišytumėte ingredientus.

g) Sudėkite šlapius ingredientus į sausus ingredientus ir išplakite, kad viskas gerai susimaišytų.

h) Leiskite tešlai pailsėti 2–3 minutes. Tai leidžia susijungti visiems ingredientams ir suteikia tešlai geresnę konsistenciją.

i) Nepridegančią keptuvę arba kepsninę gausiai apšlakstykite augaliniu aliejumi ir įkaitinkite ant vidutinės ugnies.

j) Kai keptuvė įkaista, ant keptuvės uždėkite šoninės juostelę. Ant šoninės viršaus užpilkite ¼ puodelio tešlos. Tešlą tolygiai paskleiskite ant šoninės, taip pat šoninės šoninės pusės.

k) Kepkite, kol šonai atrodys sustingę, tada apverskite blyną, kad iškeptų. Galite pastebėti, kad šie blynai šoninėje iškepa kiek greičiau.

l) Kai blynas iškeps iš tos pusės, nukelkite blyną nuo ugnies ir padėkite į lėkštę.

m) Tęskite šiuos veiksmus su likusia tešla.

70. Avietiniai migdoliniai blynai

Ingridientai:

- 1½ stiklinės šaldytų aviečių, atšildytų
- 2 šaukštai medaus
- 1½ stiklinės migdolų miltų
- 1 arbatinis šaukštelis kepimo miltelių
- ¼ arbatinio šaukštelio druskos
- ¼ arbatinio šaukštelio cinamono
- 2 dideli kiaušiniai, sumušti
- ¼ puodelio 2% neriebaus pieno
- 1 valgomasis šaukštas klevų sirupo
- 1 arbatinis šaukštelis vanilės ekstrakto

Kryptys

a) Sumaišykite avietes su medumi. Maišydami vaisius taip pat sutrinkite, kad išsiskirtų daugiau skysčio.

b) Supilkite aviečių užpilą į sumuštinių maišelį, uždarykite ir atidėkite.

c) Dėl blynų

d) Į dubenį suberkite miltus, kepimo miltelius, druską ir cinamoną ir gerai išplakite, kad susimaišytų.

e) Atskirame dubenyje sumaišykite likusius ingredientus.

f) Sudėkite šlapius ingredientus į sausus ingredientus ir išplakite, kad jie gerai susimaišytų.

g) Leiskite tešlai pailsėti 5–10 minučių. Tai leidžia susijungti visiems ingredientams ir suteikia tešlai geresnę konsistenciją.

h) Nepridegančią keptuvę arba groteles gausiai apšlakstykite augaliniu aliejumi ir pakaitinkite ant vidutinės-stiprios ugnies.

i) Kai keptuvė įkaista, supilkite tešlą naudodami ¼ puodelio matavimo puodelį ir supilkite tešlą į keptuvę, kad pagamintumėte blyną. Matavimo puodeliu švelniai paskirstykite tešlą į apvalią formą.

j) Nupjaukite vieną maišelio, kuriame yra aviečių užpilas, kampą ir šiek tiek jo užtepkite ant blyno viršaus. Dantų krapštuku vilkite avietes per blyno pagrindą.

k) Kepkite, kol šonai bus sustingę, o viduryje susidarys burbuliukai (apie 2–3 minutes), tada apverskite blyną.

l) Kai blynas iškeps iš tos pusės, nukelkite blyną nuo ugnies ir padėkite ant lėkštės.

m) Tęskite šiuos veiksmus su likusia tešla.

n) Užtepkite likusiu aviečių užpilu.

71. Žemės riešutų, bananų ir šokolado blynai

Ingridientai:

- 1 puodelis speltos miltų
- ¼ puodelio žemės riešutų sviesto miltelių
- ½ arbatinio šaukštelio kepimo miltelių
- ½ arbatinio šaukštelio kepimo sodos
- ¾ puodelio paprasto graikiško jogurto
- 1 prinokęs vidutinis bananas, sutrintas ir dar daugiau patiekimui (nebūtina)
- ¼ puodelio + 2 šaukštai 2% neriebaus pieno
- 1 didelis kiaušinis
- 2 šaukštai klevų sirupo
- ½ puodelio šokolado drožlių ir daugiau patiekimui (nebūtina)
- Žemės riešutų sviestas, patiekimui (nebūtina)

Kryptys

a) Į dubenį suberkite miltus, žemės riešutų sviesto miltelius, kepimo miltelius ir sodą ir išplakite.

b) Kitame dubenyje išplakite jogurtą, trintą bananą, pieną, kiaušinį ir klevų sirupą, kol susimaišys.

c) Sudėkite šlapius ingredientus į sausus ingredientus ir plakite, kol gerai susimaišys.

d) Įmaišykite šokolado drožles.

e) Leiskite tešlai pailsėti 2–3 minutes. Tai leidžia susijungti visiems ingredientams ir suteikia tešlai geresnę konsistenciją.

f) Neprideegančią keptuvę arba kepsninę gausiai apšlakstykite augaliniu aliejumi ir įkaitinkite ant vidutinės ugnies.

g) Kai keptuvė įkaista, supilkite tešlą naudodami ¼ puodelio matavimo puodelį ir supilkite tešlą į keptuvę, kad pagamintumėte blyną. Naudokite matavimo taurelę, kad padėtumėte formuoti blyną.

h) Kepkite, kol šonai bus sustingę, o viduryje susidarys burbuliukai (apie 2–3 minutes), tada apverskite blyną.

i) Kai blynas iškeps iš tos pusės, nukelkite blyną nuo ugnies ir padėkite ant lėkštės.

j) Tęskite šiuos veiksmus su likusia tešla.

72. Vaniliniai kokoso blynai

Ingridientai:
Vanilinis kokoso užpilas
- 1 puodelis konservuoto riebaus kokosų pieno
- ¼ puodelio klevų sirupo
- 1½ arbatinio šaukštelio vanilės ekstrakto
- Nedidelis žiupsnelis druskos

Blynai
- 1½ stiklinės speltos miltų
- ¼ puodelio susmulkinto nesaldinto kokoso, skrudinto (ir dar daugiau patiekimui)
- 1½ arbatinio šaukštelio kepimo miltelių
- 1 arbatinis šaukštelis soda
- ½ arbatinio šaukštelio druskos
- 2 dideli kiaušiniai, sumušti
- 2 šaukštai kokosų aliejaus, ištirpinto
- 1 valgomasis šaukštas vanilės ekstrakto
- ¼ puodelio klevų sirupo
- ¼ puodelio konservuoto riebaus kokosų pieno
- 1¼ puodelio paprasto kefyro

Kryptys
a) Sudėkite visus ingredientus į nedidelį puodą ir kaitinkite ant vidutinės ugnies.
b) Retkarčiais paplakite ir virkite, kol mišinys pradės tirštėti (apie 7 minutes).
c) Nukelkite nuo ugnies, kad šiek tiek atvėstų.
d) Dėl blynų
e) Į didelį dubenį suberkite miltus, kokosą, kepimo miltelius, soda ir druską. Suplakite, kad sumaišykite ingredientus.
f) Į kitą dubenį supilkite kiaušinius, kokosų aliejų, vanilę, klevų sirupą, kokosų pieną ir kefyrą ir išplakite, kad sumaišytumėte ingredientus. Ištirpęs kokosų aliejus gali sukietėti, kai jis derinamas su šaltesniais ingredientais, todėl, jei norite, galite šiek tiek pašildyti kefyrą, kad taip neatsitiktų.

g) Sudėkite šlapius ingredientus į sausus ingredientus ir išplakite, kad viskas gerai susimaišytų.

h) Leiskite tešlai pailsėti 2–3 minutes. Tai leidžia susijungti visiems ingredientams ir suteikia tešlai geresnę konsistenciją.

i) Nepridegančią keptuvę arba kepsninę gausiai apšlakstykite augaliniu aliejumi ir įkaitinkite ant vidutinės ugnies.

j) Kai keptuvė įkaista, supilkite tešlą naudodami ¼ puodelio matavimo puodelį ir supilkite tešlą į keptuvę, kad pagamintumėte blyną. Naudokite matavimo taurelę, kad padėtumėte formuoti blyną.

k) Kepkite, kol šonai bus sustingę, o viduryje susidarys burbuliukai (apie 2–3 minutes), tada apverskite blyną.

l) Kai blynas iškeps iš tos pusės, nukelkite blyną nuo ugnies ir padėkite ant lėkštės.

m) Tęskite šiuos veiksmus su likusia tešla.

n) Ant blynų užtepkite vanilinio kokoso užpilo ir prieš patiekdami pabarstykite skrudintu kokosu.

73. Šokoladiniai kokosiniai migdoliniai blynai

Ingridientai:

- 1½ stiklinės migdolų miltų
- ½ puodelio susmulkinto, nesaldinto kokoso, skrudinto
- 1 arbatinis šaukštelis kepimo miltelių
- 1 arbatinis šaukštelis soda
- ¼ arbatinio šaukštelio druskos
- 2 dideli kiaušiniai, sumušti
- ½ puodelio konservuoto riebaus kokosų pieno
- 1 valgomasis šaukštas klevų sirupo, dar daugiau – patiekimui
- 1 arbatinis šaukštelis vanilės ekstrakto
- ½ puodelio šokolado drožlių
- Skrudintas kokosas, skrudinti migdolai ir susmulkintas šokoladas patiekimui

Kryptys

a) Į dubenį suberkite miltus, susmulkintą kokosą, kepimo miltelius, soda, druską ir gerai išplakite, kad susimaišytų.

b) Atskirame dubenyje suplakite kiaušinius, kokosų pieną, klevų sirupą ir vanilę.

c) Sudėkite šlapius ingredientus į sausus ingredientus ir išplakite, kad jie gerai susimaišytų.

d) Įmaišykite šokolado drožles.

e) Leiskite tešlai pailsėti 5–10 minučių. Tai leidžia susijungti visiems ingredientams ir suteikia tešlai geresnę konsistenciją.

f) Nepridegančią keptuvę arba kepsninę gausiai apšlakstykite augaliniu aliejumi ir įkaitinkite ant vidutinės ugnies.

g) Kai keptuvė įkaista, supilkite tešlą naudodami ¼ puodelio matavimo puodelį ir supilkite tešlą į keptuvę, kad pagamintumėte blyną. Naudokite matavimo taurelę, kad padėtumėte formuoti blyną.

h) Kepkite, kol šonai bus sustingę, o viduryje susidarys burbuliukai (apie 2–3 minutes), tada apverskite blyną.

i) Kai blynas iškeps iš tos pusės, nukelkite blyną nuo ugnies ir padėkite ant lėkštės.

j) Tęskite šiuos veiksmus su likusia tešla.

k) Jei norite, užpilkite skrudintu kokosu, skrudintais migdolais, susmulkintu šokoladu ir dar šlakeliu klevų sirupo.

74. Braškių blyneliai

Ingridientai:
- 1¾ puodelio senamadiškų valcuotų avižų
- 1½ arbatinio šaukštelio kepimo miltelių
- 1 arbatinis šaukštelis soda
- ½ arbatinio šaukštelio cinamono
- ¼ arbatinio šaukštelio druskos
- 2 šaukštai kokosų aliejaus, ištirpinto
- 1 valgomasis šaukštas klevų sirupo
- 1 didelis kiaušinis
- 1 arbatinis šaukštelis vanilės ekstrakto
- 1½ puodelio 2% neriebaus pieno
- 1 puodelis plonais griežinėliais pjaustytų braškių
- Patiekimui plakta grietinėle ir braškėmis

Kryptys

a) Sudėkite visus ingredientus, išskyrus braškes, į maišytuvą. Ištirpęs kokosų aliejus gali sukietėti, kai jis derinamas su šaltesniais ingredientais, todėl, jei norite, galite šiek tiek pašildyti pieną, kad taip neatsitiktų.

b) Viską sutrinkite maišytuve, kol gausis vientisas skystis.

c) Blynų mišinį supilkite į didelį dubenį.

d) Leiskite tešlai pailsėti 5–10 minučių. Tai leidžia susijungti visiems ingredientams ir suteikia tešlai geresnę konsistenciją.

e) Neprideganačią keptuvę arba kepsninę gausiai apšlakstykite augaliniu aliejumi ir įkaitinkite ant vidutinės ugnies.

f) Kai keptuvė įkaista, supilkite tešlą naudodami ¼ puodelio matavimo puodelį ir supilkite tešlą į keptuvę, kad pagamintumėte blyną. Naudokite matavimo taurelę, kad padėtumėte formuoti blyną. Supjaustytas braškes vienu sluoksniu sudėkite į tešlą.

g) Kepkite, kol šonai bus sustingę, o viduryje susidarys burbuliukai (apie 2 minutes), tada blyną apverskite. Gali tekti leisti jiems kepti šiek tiek ilgiau iš pirmosios pusės, kad jie nesuirtų, kai juos apverčiate. Braškės yra sunkios, todėl šie blynai gali sulūžti, jei jie nėra visiškai sustingę pirmoje pusėje.

h) Kai blynas iškeps iš tos pusės, nukelkite blyną nuo ugnies ir padėkite ant lėkštės.

i) Tęskite šiuos veiksmus su likusia tešla.

j) Patiekdami blynus sluoksniuokite su plakta grietinėle, o ant viršaus uždėkite braškių.

75. Žemės riešutų sviesto blynai

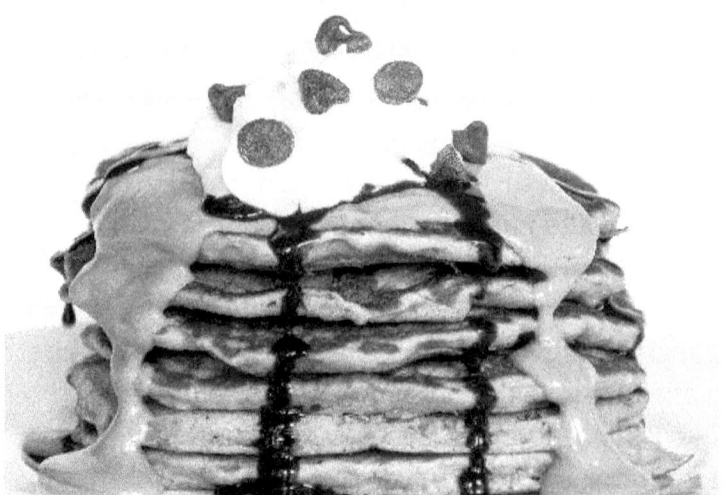

Ingridientai:

- 1¾ puodelio senamadiškų valcuotų avižų
- ¼ puodelio žemės riešutų sviesto miltelių
- 1½ arbatinio šaukštelio kepimo miltelių
- 1 arbatinis šaukštelis soda
- ½ arbatinio šaukštelio cinamono
- ¼ arbatinio šaukštelio druskos
- 2 šaukštai kokosų aliejaus, ištirpinto
- 1 valgomasis šaukštas klevų sirupo
- 1 didelis kiaušinis
- 1 arbatinis šaukštelis vanilės ekstrakto
- 1½ puodelio 2% neriebaus pieno
- ½ puodelio šokolado drožlių

Kryptys

a) Sudėkite visus ingredientus, išskyrus šokolado drožles, į maišytuvą. Ištirpęs kokosų aliejus gali sukietėti, kai jis derinamas su šaltesniais ingredientais, todėl, jei norite, galite šiek tiek pašildyti pieną, kad taip neatsitiktų.

b) Viską sutrinkite maišytuve, kol gausis vientisas skystis.

c) Blynų tešlą supilkite į didelį dubenį.

d) Įmaišykite šokolado drožles.

e) Leiskite tešlai pailsėti 5–10 minučių. Tai leidžia susijungti visiems ingredientams ir suteikia tešlai geresnę konsistenciją.

f) NeprideganČią keptuvę arba kepsninę gausiai apšlakstykite augaliniu aliejumi ir įkaitinkite ant vidutinės ugnies.

g) Kai keptuvė įkaista, supilkite tešlą naudodami ¼ puodelio matavimo puodelį ir supilkite tešlą į keptuvę, kad pagamintumėte blyną. Naudokite matavimo taurelę, kad padėtumėte formuoti blyną.

h) Kepkite, kol šonai bus sustingę, o viduryje susidarys burbuliukai (apie 2–3 minutes), tada apverskite blyną.

i) Kai blynas iškeps iš tos pusės, nukelkite blyną nuo ugnies ir padėkite ant lėkštės.

j) Tęskite šiuos veiksmus su likusia tešla.

76. Meksikietiški šokoladiniai blynai

Ingridientai:

- 1 puodelis speltos miltų
- ¼ puodelio nesaldintos kakavos
- 1 arbatinis šaukštelis cinamono
- ½ arbatinio šaukštelio kepimo miltelių
- ½ arbatinio šaukštelio kepimo sodos
- ¾ puodelio paprasto graikiško jogurto
- ¼ puodelio + 2 šaukštai 2% neriebaus pieno
- 1 didelis kiaušinis
- 2 šaukštai klevų sirupo

Kryptys

a) Į dubenį suberkite miltus, kakavą, cinamoną, kepimo miltelius ir sodą ir išplakite.

b) Kitame dubenyje suplakite jogurtą, pieną, kiaušinį ir klevų sirupą, kol gerai susimaišys.

c) Sudėkite šlapius ingredientus į sausus ingredientus ir plakite, kol gerai susimaišys.

d) Leiskite tešlai pailsėti 2–3 minutes. Tai leidžia susijungti visiems ingredientams ir suteikia tešlai geresnę konsistenciją.

e) Nepridegančią keptuvę arba kepsninę gausiai apšlakstykite augaliniu aliejumi ir įkaitinkite ant vidutinės ugnies.

f) Kai keptuvė įkaista, supilkite tešlą naudodami ¼ puodelio matavimo puodelį ir supilkite tešlą į keptuvę, kad pagamintumėte blyną. Naudokite matavimo taurelę, kad padėtumėte formuoti blyną.

g) Kepkite, kol šonai bus sustingę, o viduryje susidarys burbuliukai (apie 2–3 minutes), tada apverskite blyną.

h) Kai blynas iškeps iš tos pusės, nukelkite blyną nuo ugnies ir padėkite ant lėkštės.

i) Tęskite šiuos veiksmus su likusia tešla.

77. Gimtadienio staigmenos blynai

Ingridientai:

- 1 puodelis speltos miltų
- 2 šaukštai vanilinio pudingo mišinio be cukraus
- ½ arbatinio šaukštelio kepimo miltelių
- ½ arbatinio šaukštelio kepimo sodos
- ¾ puodelio paprasto graikiško jogurto
- ½ puodelio + 2 šaukštai 2% neriebaus pieno
- 1 didelis kiaušinis
- 2 šaukštai klevų sirupo
- ¼ puodelio vaivorykštės pabarstukų ir dar daugiau užpilui (neprivaloma)

Kryptys

a) Į dubenį suberkite miltus, pudingą, kepimo miltelius ir soda ir išplakite, kad sumaišytumėte.

b) Kitame dubenyje suplakite jogurtą, pieną, kiaušinį ir klevų sirupą, kol gerai susimaišys.

c) Sudėkite šlapius ingredientus į sausus ingredientus ir plakite, kol gerai susimaišys.

d) Leiskite tešlai pailsėti 2–3 minutes. Tai leidžia susijungti visiems ingredientams ir suteikia tešlai geresnę konsistenciją.

e) Kai tešla pailsės, įmaišykite pabarstukus.

f) Nepridegančią keptuvę arba kepsninę gausiai apšlakstykite augaliniu aliejumi ir įkaitinkite ant vidutinės ugnies.

g) Kai keptuvė įkaista, supilkite tešlą naudodami ¼ puodelio matavimo puodelį ir supilkite tešlą į keptuvę, kad pagamintumėte blyną. Naudokite matavimo taurelę, kad padėtumėte formuoti blyną.

h) Kepkite, kol šonai bus sustingę, o viduryje susidarys burbuliukai (apie 2–3 minutes), tada apverskite blyną.

i) Kai blynas iškeps iš tos pusės, nukelkite blyną nuo ugnies ir padėkite ant lėkštės.

j) Tęskite šiuos veiksmus su likusia tešla.

78. Žali pabaisos blynai

Ingridientai:
- 1½ stiklinės speltos miltų
- 2 šaukštai kanapių miltelių
- 1 valgomasis šaukštas spirulinos miltelių
- 1½ arbatinio šaukštelio kepimo miltelių
- 1 arbatinis šaukštelis soda
- ½ arbatinio šaukštelio druskos
- 2 šaukštai kokosų aliejaus, ištirpinto
- 1½ šaukšto medaus
- 1 valgomasis šaukštas vanilės ekstrakto
- 2 dideli kiaušiniai, sumušti
- ¼ puodelio konservuoto riebaus kokosų pieno
- 1¼ stiklinės paprasto kefyro (šiek tiek pašildyto)

Kryptys

a) Į dubenį suberkite speltos miltus, kanapių miltelius, spirulinos miltelius, kepimo miltelius, sodą, druską ir išplakite.

b) Kitame dubenyje suplakite kokosų aliejų, medų, vanilę, kiaušinius, kokosų pieną ir kefyrą, kol gerai susimaišys. Ištirpęs kokosų aliejus gali sukietėti, kai jis derinamas su šaltesniais ingredientais, todėl, jei norite, galite šiek tiek pašildyti kefyrą, kad taip neatsitiktų.

c) Sudėkite šlapius ingredientus į sausus ingredientus ir plakite iki vientisos masės.

d) Leiskite tešlai pailsėti 2–3 minutes. Tai leidžia susijungti visiems ingredientams ir suteikia tešlai geresnę konsistenciją.

e) Neprisidegančią keptuvę arba kepsninę gausiai apšlakstykite augaliniu aliejumi ir įkaitinkite ant vidutinės ugnies.

f) Kai keptuvė įkaista, supilkite tešlą naudodami ¼ puodelio matavimo puodelį ir supilkite tešlą į keptuvę, kad pagamintumėte blyną. Naudokite matavimo taurelę, kad padėtumėte formuoti blyną.

g) Kepkite, kol šonai bus sustingę, o viduryje susidarys burbuliukai (apie 2–3 minutes), tada apverskite blyną.

h) Kai blynas iškeps iš tos pusės, nukelkite blyną nuo ugnies ir padėkite ant lėkštės.

i) Tęskite šiuos veiksmus su likusia tešla.

79. Vaniliniai matcha blynai

Ingridientai:

- 1¾ puodelio senamadiškų valcuotų avižų
- 2 šaukštai nesaldintų matcha miltelių
- 2 šaukštai vanilinio pudingo mišinio be cukraus
- 1½ arbatinio šaukštelio kepimo miltelių
- 1 arbatinis šaukštelis soda
- ¼ arbatinio šaukštelio druskos
- 2 šaukštai kokosų aliejaus, ištirpinto
- 1 valgomasis šaukštas klevų sirupo
- 1 didelis kiaušinis
- 1 arbatinis šaukštelis vanilės ekstrakto
- 1½ puodelio 2% neriebaus pieno

Kryptys

a) Sudėkite visus ingredientus į maišytuvą. Ištirpęs kokosų aliejus gali sukietėti, kai jis derinamas su šaltesniais ingredientais, todėl, jei norite, galite šiek tiek pašildyti pieną, kad taip neatsitiktų.

b) Viską sutrinkite maišytuve, kol gausis vientisas skystis.

c) Blynų mišinį supilkite į didelį dubenį.

d) Leiskite tešlai pailsėti 5–10 minučių. Tai leidžia susijungti visiems ingredientams ir suteikia tešlai geresnę konsistenciją.

e) Nepridegančią keptuvę arba kepsninę gausiai apšlakstykite augaliniu aliejumi ir įkaitinkite ant vidutinės ugnies.

f) Kai keptuvė įkaista, supilkite tešlą naudodami ¼ puodelio matavimo puodelį ir supilkite tešlą į keptuvę, kad pagamintumėte blyną. Naudokite matavimo taurelę, kad padėtumėte formuoti blyną.

g) Kepkite, kol šonai bus sustingę, o viduryje susidarys burbuliukai (apie 2–3 minutes), tada apverskite blyną.

h) Kai blynas iškeps iš tos pusės, nukelkite blyną nuo ugnies ir padėkite ant lėkštės.

i) Tęskite šiuos veiksmus su likusia tešla.

80. Piña colada blynai

Ingridientai:

- 1 puodelis speltos miltų
- ½ arbatinio šaukštelio kepimo miltelių
- ½ arbatinio šaukštelio kepimo sodos
- ¾ puodelio paprasto graikiško jogurto
- ½ puodelio + 2 šaukštai konservuoto riebaus kokosų pieno
- 1 didelis kiaušinis
- 2 šaukštai klevų sirupo
- 1 arbatinis šaukštelis vanilės ekstrakto
- ½ puodelio smulkiai pjaustytų ananasų

Kryptys

a) Į dubenį suberkite miltus, kepimo miltelius ir sodą ir išplakite.

b) Kitame dubenyje suplakite jogurtą, kokosų pieną, kiaušinį, klevų sirupą ir vanilę, kol gerai susimaišys.

c) Sudėkite šlapius ingredientus į sausus ingredientus ir plakite iki vientisos masės.

d) Kai viskas sumaišoma, įmaišykite ananasus.

e) Leiskite tešlai pailsėti 2–3 minutes. Tai leidžia susijungti visiems ingredientams ir suteikia tešlai geresnę konsistenciją.

f) Nepridegančią keptuvę arba kepsninę gausiai apšlakstykite augaliniu aliejumi ir įkaitinkite ant vidutinės ugnies.

g) Kai keptuvė įkaista, supilkite tešlą naudodami ¼ puodelio matavimo puodelį ir supilkite tešlą į keptuvę, kad pagamintumėte blyną. Naudokite matavimo taurelę, kad padėtumėte formuoti blyną.

h) Kepkite, kol šonai bus sustingę, o viduryje susidarys burbuliukai (apie 2–3 minutes), tada apverskite blyną.

i) Kai blynas iškeps iš tos pusės, nukelkite blyną nuo ugnies ir padėkite ant lėkštės.

j) Tęskite šiuos veiksmus su likusia tešla.

81. Vyšniniai migdoliniai blynai

Ingridientai:

- 1½ stiklinės migdolų miltų
- 1 arbatinis šaukštelis kepimo miltelių
- 1 arbatinis šaukštelis soda
- ¼ arbatinio šaukštelio druskos
- 2 dideli kiaušiniai, sumušti
- 1 valgomasis šaukštas klevų sirupo
- 1 arbatinis šaukštelis vanilės ekstrakto
- ½ puodelio konservuoto riebaus kokosų pieno
- ½ puodelio smulkiai pjaustytų saldžiųjų vyšnių
- ¼ puodelio pjaustytų migdolų

Kryptys

a) Į dubenį suberkite miltus, kepimo miltelius, soda ir druską ir gerai išplakite, kad susimaišytų.

b) Atskirame dubenyje suplakite kiaušinius, klevų sirupą, vanilę ir kokosų pieną.

c) Sudėkite šlapius ingredientus į sausus ingredientus ir išplakite, kad jie gerai susimaišytų.

d) Dabar supilkite vyšnias ir migdolus ir maišykite, kol viskas gerai susimaišys.

e) Leiskite tešlai pailsėti 5–10 minučių. Tai leidžia susijungti visiems ingredientams ir suteikia tešlai geresnę konsistenciją.

f) NeprideganČią keptuvę arba groteles gausiai apšlakstykite augaliniu aliejumi ir pakaitinkite ant vidutinės-stiprios ugnies.

g) Kai keptuvė įkaista, supilkite tešlą naudodami ¼ puodelio matavimo puodelį ir supilkite tešlą į keptuvę, kad pagamintumėte blyną. Naudokite matavimo taurelę, kad padėtumėte formuoti blyną.

h) Kepkite, kol šonai bus sustingę, o viduryje susidarys burbuliukai (apie 2–3 minutes), tada apverskite blyną.

i) Kai blynas iškeps iš tos pusės, nukelkite blyną nuo ugnies ir padėkite ant lėkštės.

j) Tęskite šiuos veiksmus su likusia tešla.

82. <u>Key laimo blynai</u>

Ingridientai:

- 2 kiaušiniai
- ½ stiklinės varškės
- ½ arbatinio šaukštelio vanilės ekstrakto
- 1 valgomasis šaukštas medaus
- Žievelė iš 1 laimo
- ¼ puodelio speltos miltų
- ½ arbatinio šaukštelio kepimo miltelių
- ¼ arbatinio šaukštelio kepimo sodos
- 2 arbatiniai šaukšteliai becukrės kalkių Jell-O mišinio

Kryptys

a) Kiaušinius, varškę, vanilę, medų ir laimo žievelę išplakite ir atidėkite.

b) Kitame dubenyje sumaišykite likusius ingredientus, kol jie gerai susimaišys.

c) Sudėkite šlapius ingredientus į sausus ingredientus ir plakite, kol gerai susimaišys.

d) Nepridegančią keptuvę arba kepsninę gausiai apšlakstykite augaliniu aliejumi ir įkaitinkite ant vidutinės ugnies.

e) Kai keptuvė įkaista, supilkite tešlą naudodami ¼ puodelio matavimo puodelį ir supilkite tešlą į keptuvę, kad pagamintumėte blyną. Naudokite matavimo taurelę, kad padėtumėte formuoti blyną.

f) Kepkite, kol šonai bus sustingę, o viduryje susidarys burbuliukai (apie 2–3 minutes), tada apverskite blyną.

g) Kai blynas iškeps iš tos pusės, nukelkite blyną nuo ugnies ir padėkite ant lėkštės.

h) Tęskite šiuos veiksmus su likusia tešla.

83. Moliūgų prieskonių blynai

Ingridientai:

- 1½ puodelio senamadiškų valcuotų avižų
- 1½ arbatinio šaukštelio kepimo miltelių
- ½ arbatinio šaukštelio kepimo sodos
- ½ arbatinio šaukštelio cinamono
- ½ arbatinio šaukštelio maltų kvapiųjų pipirų
- ½ arbatinio šaukštelio malto imbiero
- ¼ arbatinio šaukštelio druskos
- ½ puodelio konservuotų moliūgų
- 2 šaukštai kokosų aliejaus, ištirpinto
- 2 šaukštai klevų sirupo
- 1 didelis kiaušinis
- 1 arbatinis šaukštelis vanilės ekstrakto
- 1 puodelis 2% neriebaus pieno

Kryptys

a) Sudėkite visus ingredientus į maišytuvą. Ištirpęs kokosų aliejus gali sukietėti, kai jis derinamas su šaltesniais ingredientais, todėl, jei norite, galite šiek tiek pašildyti pieną, kad taip neatsitiktų.

b) Viską sutrinkite maišytuve, kol gausis vientisas skystis.

c) Blynų mišinį supilkite į didelį dubenį.

d) Leiskite tešlai pailsėti 5–10 minučių. Tai leidžia susijungti visiems ingredientams ir suteikia tešlai geresnę konsistenciją.

e) Nepridegančią keptuvę arba kepsninę gausiai apšlakstykite augaliniu aliejumi ir įkaitinkite ant vidutinės ugnies.

f) Kai keptuvė įkaista, supilkite tešlą naudodami ¼ puodelio matavimo puodelį ir supilkite tešlą į keptuvę, kad pagamintumėte blyną. Naudokite matavimo taurelę, kad padėtumėte formuoti blyną.

g) Kepkite, kol šonai bus sustingę, o viduryje susidarys burbuliukai (apie 2–3 minutes), tada apverskite blyną.

h) Kai blynas iškeps iš tos pusės, nukelkite blyną nuo ugnies ir padėkite ant lėkštės.

i) Tęskite šiuos veiksmus su likusia tešla.

84. Šokoladiniai bananiniai blynai

Ingridientai:

- 1 prinokęs bananas ir dar daugiau patiekimui
- 2 dideli kiaušiniai
- ½ arbatinio šaukštelio kepimo miltelių
- 2 šaukštai nesaldintos kakavos miltelių
- Klevų sirupas, patiekti

Kryptys

a) Įdėkite bananą į dubenį ir sutrinkite, kol jis taps gražus ir kreminis – be gabalėlių.

b) Į kitą dubenį įmuškite kiaušinius ir plakite, kol jie gerai susimaišys.

c) Į dubenį su bananais suberkite kepimo miltelius ir kakavos miltelius, tada supilkite kiaušinius. Plakite, kad viskas būtų visiškai sujungta.

d) Nepridegančią keptuvę arba kepsninę gausiai apšlakstykite augaliniu aliejumi ir įkaitinkite ant vidutinės ugnies.

e) Kai keptuvė įkaista, į keptuvę įpilkite 2 šaukštus tešlos, kad pagamintumėte blyną.

f) Kepkite, kol šonai pasirodys sustingę (nematysite jokių burbuliukų), tada atsargiai apverskite blyną.

g) Kai blynas iškeps iš tos pusės, nukelkite blyną nuo ugnies ir padėkite į lėkštę.

h) Tęskite šiuos veiksmus su likusia tešla. Jei norite, patiekite su griežinėliais pjaustytu bananu ir klevų sirupu.

85. Vaniliniai migdoliniai blynai

Ingridientai:

- 1 puodelis speltos miltų
- 2 šaukštai vanilinio pudingo mišinio be cukraus
- ½ arbatinio šaukštelio kepimo miltelių
- ½ arbatinio šaukštelio kepimo sodos
- ¾ puodelio paprasto graikiško jogurto
- ½ puodelio + 2 šaukštai 2% neriebaus pieno
- 1 didelis kiaušinis
- 2 šaukštai klevų sirupo
- ¼ puodelio pjaustytų migdolų

Kryptys

a) Į dubenį suberkite miltus, pudingo mišinį, kepimo miltelius ir soda ir išplakite, kad susimaišytų.

b) Kitame dubenyje suplakite jogurtą, pieną, kiaušinį ir klevų sirupą, kol gerai susimaišys.

c) Sudėkite šlapius ingredientus į sausus ingredientus ir plakite, kol gerai susimaišys.

d) Paskutinį kartą įmaišykite migdolus.

e) Leiskite tešlai pailsėti 2–3 minutes. Tai leidžia susijungti visiems ingredientams ir suteikia tešlai geresnę konsistenciją.

f) Neprideganчią keptuvę arba kepsninę gausiai apšlakstykite augaliniu aliejumi ir įkaitinkite ant vidutinės ugnies.

g) Kai keptuvė įkaista, supilkite tešlą naudodami ¼ puodelio matavimo puodelį ir supilkite tešlą į keptuvę, kad pagamintumėte blyną. Naudokite matavimo taurelę, kad padėtumėte formuoti blyną.

h) Kepkite, kol šonai bus sustingę, o viduryje susidarys burbuliukai (apie 2–3 minutes), tada apverskite blyną.

i) Kai blynas iškeps iš tos pusės, nukelkite blyną nuo ugnies ir padėkite ant lėkštės.

j) Tęskite šiuos veiksmus su likusia tešla.

86. Linksmi beždžionių blynai

Ingridientai:
- 1½ stiklinės migdolų miltų
- 1 arbatinis šaukštelis kepimo miltelių
- 1 arbatinis šaukštelis soda
- ¼ arbatinio šaukštelio druskos
- 1 prinokęs vidutinis bananas, sutrintas ir dar daugiau patiekimui
- 2 dideli kiaušiniai, sumušti
- ½ puodelio kokoso pieno
- 1 valgomasis šaukštas klevų sirupo
- 1 arbatinis šaukštelis vanilės ekstrakto
- ½ puodelio kapotų graikinių riešutų
- ½ puodelio tamsaus šokolado drožlių ir dar daugiau patiekimui

Kryptys

a) Į dubenį suberkite miltus, kepimo miltelius, soda ir druską ir gerai išplakite, kad susimaišytų.

b) Atskirame dubenyje suplakite sutrintą bananą, kiaušinius, kokosų pieną, klevų sirupą ir vanilę.

c) Sudėkite šlapius ingredientus į sausus ingredientus ir išplakite, kad jie gerai susimaišytų.

d) Dabar supilkite graikinius riešutus ir šokolado drožles ir maišykite, kol viskas gerai susimaišys.

e) Leiskite tešlai pailsėti 5–10 minučių. Tai leidžia susijungti visiems ingredientams ir suteikia tešlai geresnę konsistenciją.

f) Nepridegančią keptuvę arba groteles gausiai apšlakstykite augaliniu aliejumi ir pakaitinkite ant vidutinės-stiprios ugnies.

g) Kai keptuvė įkaista, supilkite tešlą naudodami ¼ puodelio matavimo puodelį ir supilkite tešlą į keptuvę, kad pagamintumėte blyną. Naudokite matavimo taurelę, kad padėtumėte formuoti blyną.

h) Kepkite, kol šonai pasirodys sustingę, o viduryje susidarys burbuliukai, tada blyną apverskite.

i) Kai blynas iškeps iš tos pusės, nukelkite blyną nuo ugnies ir padėkite ant lėkštės.

j) Patiekite su pjaustytais bananais ir šokolado drožlėmis.

87. Vaniliniai blynai

Ingridientai:

- 1½ stiklinės speltos miltų
- 2 šaukštai vanilinio pudingo mišinio be cukraus
- 1½ arbatinio šaukštelio kepimo miltelių
- 1 arbatinis šaukštelis soda
- ½ arbatinio šaukštelio druskos
- 2 dideli kiaušiniai, sumušti
- 2 šaukštai kokosų aliejaus, ištirpinto
- 1 valgomasis šaukštas vanilės ekstrakto
- ¼ puodelio klevų sirupo ir dar daugiau patiekimui
- 1¼ puodelio paprasto kefyro

Kryptys

a) Į dubenį suberkite speltos miltus, pudingo mišinį, kepimo miltelius, soda, druską ir išplakite, kad susimaišytų.

b) Kitame dubenyje išplakite kiaušinius, kokosų aliejų, vanilę, klevų sirupą ir kefyrą, kol jie gerai susimaišys. Ištirpęs kokosų aliejus gali sukietėti, kai jis derinamas su šaltesniais ingredientais, todėl, jei norite, galite šiek tiek pašildyti kefyrą, kad taip neatsitiktų.

c) Sudėkite šlapius ingredientus į sausus ingredientus ir plakite, kol gerai susimaišys.

d) Leiskite tešlai pailsėti 2–3 minutes. Tai leidžia susijungti visiems ingredientams ir suteikia tešlai geresnę konsistenciją.

e) Neprideganči ą keptuvę arba kepsninę gausiai apšlakstykite augaliniu aliejumi ir įkaitinkite ant vidutinės ugnies.

f) Kai keptuvė įkaista, supilkite tešlą naudodami ¼ puodelio matavimo puodelį ir supilkite tešlą į keptuvę, kad pagamintumėte blyną. Naudokite matavimo taurelę, kad padėtumėte formuoti blyną.

g) Kepkite, kol šonai bus sustingę, o viduryje susidarys burbuliukai (apie 2–3 minutes), tada apverskite blyną.

h) Kai blynas iškeps iš tos pusės, nukelkite blyną nuo ugnies ir padėkite ant lėkštės.

88. Mėlynių mango blynai

Ingridientai:

- 1 puodelis speltos miltų
- ½ arbatinio šaukštelio kepimo miltelių
- ½ arbatinio šaukštelio kepimo sodos
- ¾ puodelio paprasto graikiško jogurto
- ¼ puodelio + 2 šaukštai 2% neriebaus pieno
- 1 didelis kiaušinis
- 2 šaukštai klevų sirupo
- ½ puodelio trintų mangų
- ½ puodelio mėlynių

Kryptys

a) Į dubenį suberkite miltus, kepimo miltelius ir sodą ir išplakite.

b) Kitame dubenyje suplakite jogurtą, pieną, kiaušinį, klevų sirupą ir ištrintą mangą, kol susimaišys.

c) Sudėkite šlapius ingredientus į sausus ingredientus ir plakite, kol gerai susimaišys.

d) Atsargiai įmaišykite mėlynes.

e) Leiskite tešlai pailsėti 2–3 minutes. Tai leidžia susijungti visiems ingredientams ir suteikia tešlai geresnę konsistenciją.

f) Neprideganičią keptuvę arba kepsninę gausiai apšlakstykite augaliniu aliejumi ir įkaitinkite ant vidutinės ugnies.

g) Kai keptuvė įkaista, supilkite tešlą naudodami ¼ puodelio matavimo puodelį ir supilkite tešlą į keptuvę, kad pagamintumėte blyną. Naudokite matavimo taurelę, kad padėtumėte formuoti blyną.

h) Kepkite, kol šonai bus sustingę, o viduryje susidarys burbuliukai (apie 2–3 minutes), tada apverskite blyną.

i) Kai blynas iškeps iš tos pusės, nukelkite blyną nuo ugnies ir padėkite ant lėkštės.

j) Tęskite šiuos veiksmus su likusia tešla.

89. Mokos blynai

Ingridientai:

- 1½ stiklinės speltos miltų
- ¼ puodelio nesaldintos kakavos
- 3 arbatiniai šaukšteliai tirpios espreso miltelių
- 1½ arbatinio šaukštelio kepimo miltelių
- 1 arbatinis šaukštelis soda
- ½ arbatinio šaukštelio druskos
- 2 šaukštai kokosų aliejaus, ištirpinto
- 1 arbatinis šaukštelis vanilės ekstrakto
- 2 dideli kiaušiniai, sumušti
- 1¼ puodelio paprasto kefyro

Kryptys

a) Į dubenį suberkite speltos miltus, kakavą, espreso miltelius, kepimo miltelius, soda, druską ir išplakite, kad sumaišytumėte.

b) Kitame dubenyje sumaišykite kokosų aliejų, vanilę, kiaušinius ir kefyrą, kol jie gerai susimaišys. Ištirpęs kokosų aliejus gali sukietėti, kai jis derinamas su šaltesniais ingredientais, todėl, jei norite, galite šiek tiek pašildyti kefyrą, kad taip neatsitiktų.

c) Sudėkite šlapius ingredientus į sausus ingredientus ir plakite, kol gerai susimaišys.

d) Leiskite tešlai pailsėti 2–3 minutes. Tai leidžia susijungti visiems ingredientams ir suteikia tešlai geresnę konsistenciją.

e) Nepridegančią keptuvę arba kepsninę gausiai apšlakstykite augaliniu aliejumi ir įkaitinkite ant vidutinės ugnies.

f) Kai keptuvė įkaista, supilkite tešlą naudodami ¼ puodelio matavimo puodelį ir supilkite tešlą į keptuvę, kad pagamintumėte blyną. Naudokite matavimo taurelę, kad padėtumėte formuoti blyną.

g) Kepkite, kol šonai bus sustingę, o viduryje susidarys burbuliukai (apie 2–3 minutes), tada apverskite blyną.

h) Kai blynas iškeps iš tos pusės, nukelkite blyną nuo ugnies ir padėkite ant lėkštės.

90. Chai blynai

Ingridientai:

- 1½ stiklinės quinoa miltų
- 1½ arbatinio šaukštelio kepimo miltelių
- 1 arbatinis šaukštelis soda
- 1 arbatinis šaukštelis cinamono
- ¾ arbatinio šaukštelio malto kardamono
- Dosnus žiupsnelis maltų gvazdikėlių
- ½ arbatinio šaukštelio malto imbiero
- ½ arbatinio šaukštelio maltų kvapiųjų pipirų
- ½ arbatinio šaukštelio druskos
- 2 dideli kiaušiniai, sumušti
- 2 šaukštai kokosų aliejaus, ištirpinto
- 1¼ puodelio paprasto kefyro
- ¼ puodelio klevų sirupo
- 1 arbatinis šaukštelis vanilės ekstrakto

Kryptys

a) Į didelį dubenį suberkite miltus, kepimo miltelius, soda, cinamoną, kardamoną, gvazdikėlius, imbierą, kvapiuosius pipirus ir druską ir gerai išplakite, kad susimaišytų.

b) Kitame dubenyje suplakite kiaušinius, kokosų aliejų, kefyrą, klevų sirupą ir vanilę, kol susimaišys. Ištirpęs kokosų aliejus gali sukietėti, kai jis derinamas su šaltesniais ingredientais, todėl, jei norite, galite šiek tiek pašildyti kefyrą, kad taip neatsitiktų.

c) Sudėkite šlapius ingredientus į sausus ingredientus ir plakite, kol gerai susimaišys.

d) Leiskite tešlai pailsėti 2–3 minutes. Tai leidžia susijungti visiems ingredientams ir suteikia tešlai geresnę konsistenciją.

e) Neprideganačią keptuvę arba kepsninę gausiai apšlakstykite augaliniu aliejumi ir įkaitinkite ant vidutinės ugnies.

f) Kai keptuvė įkaista, supilkite tešlą naudodami ¼ puodelio matavimo puodelį ir supilkite tešlą į keptuvę, kad pagamintumėte blyną. Naudokite matavimo taurelę, kad padėtumėte formuoti blyną.

g) Kepkite, kol šonai bus sustingę, o viduryje susidarys burbuliukai (apie 2–3 minutes), tada apverskite blyną.

h) Kai blynas iškeps iš tos pusės, nukelkite blyną nuo ugnies ir padėkite ant lėkštės.

91. Morkų pyrago blynai

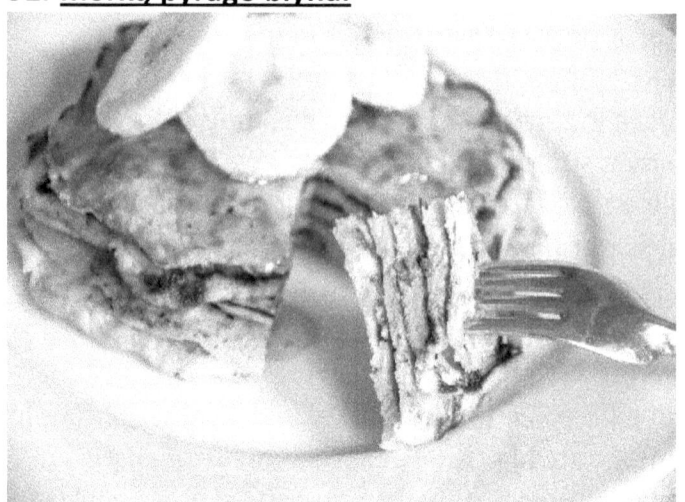

Ingridientai:

- 1½ puodelio senamadiškų valcuotų avižų
- 1½ arbatinio šaukštelio kepimo miltelių
- 1 arbatinis šaukštelis soda
- ½ arbatinio šaukštelio cinamono
- ¼ arbatinio šaukštelio druskos
- Šaukštelis muskato riešuto
- 1 didelis kiaušinis
- 2 šaukštai kokosų aliejaus, ištirpinto
- 1 valgomasis šaukštas klevų sirupo
- 1 arbatinis šaukštelis vanilės ekstrakto
- 1¼ puodelio 2% neriebaus pieno
- 1½ stiklinės smulkiai tarkuotų morkų
- ½ puodelio kapotų auksinių razinų
- ½ puodelio kapotų graikinių riešutų

Kryptys

a) Sudėkite visus ingredientus, išskyrus morkas, razinas ir graikinius riešutus, į maišytuvą. Ištirpęs kokosų aliejus gali sukietėti, kai jis derinamas su šaltesniais ingredientais, todėl, jei norite, galite šiek tiek pašildyti pieną, kad taip neatsitiktų.

b) Viską sutrinkite maišytuve, kol gausis vientisas skystis.

c) Blynų mišinį supilkite į didelį dubenį.

d) Į tešlą sudėkite morkas, razinas ir graikinius riešutus ir gerai išmaišykite.

e) Leiskite tešlai pailsėti 5–10 minučių. Tai leidžia susijungti visiems ingredientams ir suteikia tešlai geresnę konsistenciją.

f) Nepridegančią keptuvę arba kepsninę gausiai apšlakstykite augaliniu aliejumi ir įkaitinkite ant vidutinės ugnies.

g) Kai keptuvė įkaista, supilkite tešlą naudodami ¼ puodelio matavimo puodelį ir supilkite tešlą į keptuvę, kad pagamintumėte blyną. Naudokite matavimo taurelę, kad padėtumėte formuoti blyną.

h) Kepkite, kol šonai pasirodys sustingę, o viduryje susidarys burbuliukai, tada blyną apverskite.

i) Kai blynas iškeps iš tos pusės, nukelkite blyną nuo ugnies ir padėkite ant lėkštės.

92. Medaus bananų blynai

Ingridientai:

- 1 prinokęs bananas ir dar daugiau patiekimui
- 2 dideli kiaušiniai
- 1 valgomasis šaukštas medaus
- ½ arbatinio šaukštelio kepimo miltelių
- Klevų sirupas, patiekimui

Kryptys

a) Įdėkite bananą į dubenį ir sutrinkite, kol jis taps gražus ir kreminis – be gabalėlių.

b) Į kitą dubenį įmuškite kiaušinius ir plakite, kol jie gerai susimaišys.

c) Į dubenį su bananais įpilkite medaus ir kepimo miltelių, tada supilkite kiaušinius. Plakite, kad viskas būtų visiškai sujungta.

d) Neprisdegančią keptuvę arba kepsninę gausiai apšlakstykite augaliniu aliejumi ir įkaitinkite ant vidutinės ugnies.

e) Kai keptuvė įkaista, į keptuvę įpilkite 2 šaukštus tešlos, kad pagamintumėte blyną.

f) Kepkite, kol šonai pasirodys sustingę (nematysite jokių burbuliukų), tada atsargiai apverskite blyną.

g) Kai blynas iškeps iš tos pusės, nukelkite blyną nuo ugnies ir padėkite į lėkštę.

h) Tęskite šiuos veiksmus su likusia tešla.

i) Ant viršaus užpilame bananais ir klevų sirupu.

93. Bananiniai mėlynių blynai

Ingridientai:

- 1 puodelis speltos miltų
- ½ arbatinio šaukštelio kepimo miltelių
- ½ arbatinio šaukštelio kepimo sodos
- 1 vidutinio prinokimo bananas, sutrintas
- ¾ puodelio paprasto graikiško jogurto
- ¼ puodelio + 2 šaukštai 2% neriebaus pieno
- 1 didelis kiaušinis
- 2 šaukštai klevų sirupo
- ½ puodelio mėlynių

Kryptys

a) Į dubenį suberkite miltus, kepimo miltelius ir sodą ir išplakite.

b) Kitame dubenyje išplakite sutrintą bananą, jogurtą, pieną, kiaušinį ir klevų sirupą, kol susimaišys.

c) Sudėkite šlapius ingredientus į sausus ingredientus ir plakite, kol gerai susimaišys.

d) Atsargiai įmaišykite mėlynes.

e) Leiskite tešlai pailsėti 2–3 minutes. Tai leidžia susijungti visiems ingredientams ir suteikia tešlai geresnę konsistenciją.

f) Nepridegančią keptuvę arba kepsninę gausiai apšlakstykite augaliniu aliejumi ir įkaitinkite ant vidutinės ugnies.

g) Kai keptuvė įkaista, supilkite tešlą naudodami ¼ puodelio matavimo puodelį ir supilkite tešlą į keptuvę, kad pagamintumėte blyną. Naudokite matavimo taurelę, kad padėtumėte formuoti blyną.

h) Kepkite, kol šonai bus sustingę, o viduryje susidarys burbuliukai (apie 2–3 minutes), tada apverskite blyną.

i) Kai blynas iškeps iš tos pusės, nukelkite blyną nuo ugnies ir padėkite ant lėkštės.

j) Tęskite šiuos veiksmus su likusia tešla.

94. Obuolių cinamono blynai

Ingridientai:

- 1¾ puodelio senamadiškų valcuotų avižų
- 1½ arbatinio šaukštelio kepimo miltelių
- 1 arbatinis šaukštelis soda
- ¼ arbatinio šaukštelio cinamono
- ¼ arbatinio šaukštelio druskos
- 1 puodelis obuolių padažo
- 2 šaukštai kokosų aliejaus, ištirpinto
- 1 valgomasis šaukštas klevų sirupo
- 1 didelis kiaušinis
- 1 arbatinis šaukštelis vanilės ekstrakto
- ½ puodelio 2% neriebaus pieno

Kryptys

a) Sudėkite visus ingredientus į blenderį. Ištirpęs kokosų aliejus gali sukietėti, kai jis derinamas su šaltesniais ingredientais, todėl, jei norite, galite šiek tiek pašildyti pieną, kad taip neatsitiktų.

b) Viską sutrinkite maišytuve, kol gausis vientisas skystis.

c) Blynų tešlą supilkite į didelį dubenį.

d) Leiskite tešlai pailsėti 5–10 minučių. Tai leidžia susijungti visiems ingredientams ir suteikia tešlai geresnę konsistenciją.

e) Nepridegančią keptuvę arba kepsninę gausiai apšlakstykite augaliniu aliejumi ir įkaitinkite ant vidutinės ugnies.

f) Kai keptuvė įkaista, supilkite tešlą naudodami ¼ puodelio matavimo puodelį ir supilkite tešlą į keptuvę, kad pagamintumėte blyną. Naudokite matavimo taurelę, kad padėtumėte formuoti blyną.

g) Kepkite, kol šonai bus sustingę, o viduryje susidarys burbuliukai (apie 2–3 minutes), tada apverskite blyną.

h) Kai blynas iškeps iš tos pusės, nukelkite blyną nuo ugnies ir padėkite ant lėkštės.

i) Tęskite šiuos veiksmus su likusia tešla.

95. Braškių sūrio blynai

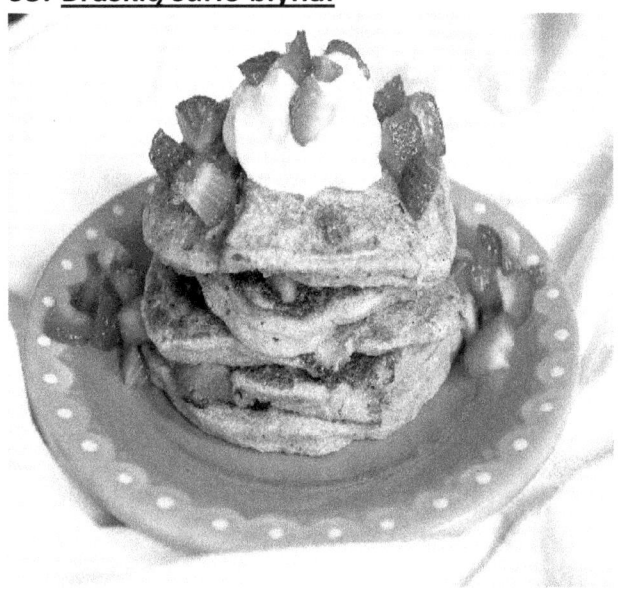

Ingridientai:

- 1 puodelis speltos miltų
- 2 šaukštai vanilinio pudingo mišinio be cukraus
- ½ arbatinio šaukštelio kepimo miltelių
- ½ arbatinio šaukštelio kepimo sodos
- ¾ puodelio paprasto graikiško jogurto
- ½ puodelio + 2 šaukštai 2% neriebaus pieno
- 1 didelis kiaušinis
- 2 šaukštai klevų sirupo
- 1 puodelis plonais griežinėliais pjaustytų braškių

Kryptys

a) Į dubenį suberkite miltus, pudingo mišinį, kepimo miltelius ir soda ir išplakite, kad susimaišytų.

b) Kitame dubenyje išplakite jogurtą, pieną, kiaušinį ir klevų sirupą, kol susimaišys.

c) Sudėkite šlapius ingredientus į sausus ingredientus ir plakite, kol gerai susimaišys.

d) Atsargiai įmaišykite braškes.

e) Leiskite tešlai pailsėti 2–3 minutes. Tai leidžia susijungti visiems ingredientams ir suteikia tešlai geresnę konsistenciją.

f) Nepridegančią keptuvę arba kepsninę gausiai apšlakstykite augaliniu aliejumi ir įkaitinkite ant vidutinės ugnies.

g) Kai keptuvė įkaista, supilkite tešlą naudodami ¼ puodelio matavimo puodelį ir supilkite tešlą į keptuvę, kad pagamintumėte blyną. Naudokite matavimo taurelę, kad padėtumėte formuoti blyną.

h) Kepkite, kol šonai bus sustingę, o viduryje susidarys burbuliukai (apie 2–3 minutes), tada apverskite blyną.

i) Kai blynas iškeps iš tos pusės, nukelkite blyną nuo ugnies ir padėkite ant lėkštės.

j) Tęskite šiuos veiksmus su likusia tešla.

96. Mėlynių blynai

Ingridientai:

- 1¾ puodelio senamadiškų valcuotų avižų
- 1½ arbatinio šaukštelio kepimo miltelių
- 1 arbatinis šaukštelis soda
- ½ arbatinio šaukštelio cinamono
- ¼ arbatinio šaukštelio druskos
- 1 didelis kiaušinis
- 2 šaukštai kokosų aliejaus, ištirpinto
- 1 valgomasis šaukštas klevų sirupo
- 1 arbatinis šaukštelis vanilės ekstrakto
- 1¼ puodelio 2% neriebaus pieno
- ½ puodelio mėlynių

Kryptys

a) Sudėkite visus ingredientus, išskyrus mėlynes, į maišytuvą. Ištirpęs kokosų aliejus gali sukietėti, kai jis derinamas su šaltesniais ingredientais, todėl, jei norite, galite šiek tiek pašildyti pieną, kad taip neatsitiktų.

b) Viską sutrinkite maišytuve, kol gausis vientisas skystis.

c) Blynų mišinį supilkite į didelį dubenį.

d) Atsargiai įmaišykite mėlynes.

e) Leiskite tešlai pailsėti 5–10 minučių. Tai leidžia susijungti visiems ingredientams ir suteikia tešlai geresnę konsistenciją.

f) Nepridegančią keptuvę arba kepsninę gausiai apšlakstykite augaliniu aliejumi ir įkaitinkite ant vidutinės ugnies.

g) Kai keptuvė įkaista, supilkite tešlą naudodami ¼ puodelio matavimo puodelį ir supilkite tešlą į keptuvę, kad pagamintumėte blyną. Naudokite matavimo taurelę, kad padėtumėte formuoti blyną.

h) Kepkite, kol šonai bus sustingę, o viduryje susidarys burbuliukai (apie 2–3 minutes), tada apverskite blyną.

i) Kai blynas iškeps iš tos pusės, nukelkite blyną nuo ugnies ir padėkite ant lėkštės.

j) Tęskite šiuos veiksmus su likusia tešla.

97. Braškiniai bananiniai blynai

Ingridientai:

- 1 puodelis speltos miltų
- ½ arbatinio šaukštelio kepimo miltelių
- ½ arbatinio šaukštelio kepimo sodos
- ¾ puodelio paprasto graikiško jogurto
- 1 vidutinio prinokimo bananas, sutrintas
- ½ puodelio + 2 šaukštai 2% neriebaus pieno
- 1 didelis kiaušinis
- 2 šaukštai klevų sirupo
- ¾ puodelio supjaustytų braškių

Kryptys

a) Į dubenį suberkite miltus, kepimo miltelius ir sodą ir išplakite.

b) Kitame dubenyje išplakite jogurtą, trintą bananą, pieną, kiaušinį ir klevų sirupą, kol susimaišys.

c) Sudėkite šlapius ingredientus į sausus ingredientus ir plakite, kol gerai susimaišys.

d) Atsargiai įmaišykite braškes.

e) Leiskite tešlai pailsėti 2–3 minutes. Tai leidžia susijungti visiems ingredientams ir suteikia tešlai geresnę konsistenciją.

f) Nepridegančią keptuvę arba kepsninę gausiai apšlakstykite augaliniu aliejumi ir įkaitinkite ant vidutinės ugnies.

g) Kai keptuvė įkaista, supilkite tešlą naudodami ¼ puodelio matavimo puodelį ir supilkite tešlą į keptuvę, kad pagamintumėte blyną. Naudokite matavimo taurelę, kad padėtumėte formuoti blyną.

h) Kepkite, kol šonai bus sustingę, o viduryje susidarys burbuliukai (apie 2–3 minutes), tada apverskite blyną.

i) Kai blynas iškeps iš tos pusės, nukelkite blyną nuo ugnies ir padėkite ant lėkštės.

j) Tęskite šiuos veiksmus su likusia tešla.

98. Persikų ir grietinėlės blynai

Ingridientai:

- 1¾ puodelio senamadiškų valcuotų avižų
- 2 šaukštai vanilinio pudingo mišinio be cukraus
- 1½ arbatinio šaukštelio kepimo miltelių
- 1 arbatinis šaukštelis soda
- ½ arbatinio šaukštelio cinamono
- ¼ arbatinio šaukštelio druskos
- 1 valgomasis šaukštas sviesto, ištirpinto
- 1 didelis kiaušinis
- ¼ puodelio 2% neriebaus pieno
- 1 arbatinis šaukštelis vanilės ekstrakto
- 2 puodeliai nuluptų ir supjaustytų persikų (jei naudojate šaldytus persikus, pirmiausia juos atšildykite)

Kryptys

a) Sudėkite visus ingredientus į maišytuvą.

b) Viską sutrinkite maišytuve, kol gausis vientisas skystis.

c) Blynų tešlą supilkite į didelį dubenį.

d) Leiskite tešlai pailsėti 5–10 minučių. Tai leidžia susijungti visiems ingredientams ir suteikia tešlai geresnę konsistenciją.

e) Nelipnią keptuvę ar groteles gausiai apšlakstykite augaliniu aliejumi ir pakaitinkite ant vidutinės-mažos ugnies.

f) Kai keptuvė įkaista, supilkite tešlą naudodami ¼ puodelio matavimo puodelį ir supilkite tešlą į keptuvę, kad pagamintumėte blyną. Naudokite matavimo taurelę, kad padėtumėte formuoti blyną.

g) Kepkite, kol šonai bus sustingę, o viduryje susidarys burbuliukai (apie 2–3 minutes), tada apverskite blyną.

h) Kai blynas iškeps iš tos pusės, nukelkite blyną nuo ugnies ir padėkite ant lėkštės.

i) Tęskite šiuos veiksmus su likusia tešla.

99. Bananų duonos blynai

Ingridientai:

- 1 puodelis speltos miltų
- ½ arbatinio šaukštelio kepimo miltelių
- ½ arbatinio šaukštelio kepimo sodos
- ¾ puodelio paprasto graikiško jogurto
- 1 vidutinio prinokimo bananas, sutrintas
- ½ puodelio + 2 šaukštai 2% neriebaus pieno
- 1 didelis kiaušinis
- 2 šaukštai klevų sirupo

Kryptys

a) Į dubenį suberkite miltus, kepimo miltelius ir sodą ir išplakite.

b) Kitame dubenyje išplakite jogurtą, trintą bananą, pieną, kiaušinį ir klevų sirupą, kol susimaišys.

c) Sudėkite šlapius ingredientus į sausus ingredientus ir plakite, kol susimaišys.

d) Leiskite tešlai pailsėti 2–3 minutes. Tai leidžia susijungti visiems ingredientams ir suteikia tešlai geresnę konsistenciją.

e) Nepridegančią keptuvę arba kepsninę gausiai apšlakstykite augaliniu aliejumi ir įkaitinkite ant vidutinės ugnies.

f) Kai keptuvė įkaista, supilkite tešlą naudodami ¼ puodelio matavimo puodelį ir supilkite tešlą į keptuvę, kad pagamintumėte blyną. Naudokite matavimo taurelę, kad padėtumėte formuoti blyną.

g) Kepkite, kol šonai bus sustingę, o viduryje susidarys burbuliukai (apie 2–3 minutes), tada apverskite blyną.

h) Kai blynas iškeps iš tos pusės, nukelkite blyną nuo ugnies ir padėkite ant lėkštės.

i) Tęskite šiuos veiksmus su likusia tešla.

100. Tropiniai blynai

Ingridientai:

- 1¾ puodelio senamadiškų valcuotų avižų
- 1½ arbatinio šaukštelio kepimo miltelių
- 1 arbatinis šaukštelis soda
- ½ arbatinio šaukštelio cinamono
- ¼ arbatinio šaukštelio druskos
- 1 vidutinio prinokimo bananas, sutrintas
- 2 šaukštai kokosų aliejaus, ištirpinto
- 1 valgomasis šaukštas klevų sirupo
- 1 didelis kiaušinis
- 1 arbatinis šaukštelis vanilės ekstrakto
- ¾ puodelio 2% neriebaus pieno
- ½ puodelio konservuoto riebaus kokosų pieno
- ½ puodelio smulkiai pjaustytų ananasų (jei naudojate šaldytą, įsitikinkite, kad jis buvo atšildytas)
- ½ puodelio smulkiai pjaustyto mango (jei naudojate šaldytą, įsitikinkite, kad jis buvo atšildytas)

Kryptys

a) Sudėkite visus ingredientus, išskyrus ananasus ir mangus, į maišytuvą. Ištirpęs kokosų aliejus gali sukietėti, kai jis derinamas su šaltesniais ingredientais, todėl, jei norite, galite šiek tiek pašildyti pieną, kad taip neatsitiktų.

b) Sumaišykite mišinį trintuve, kol gausite vientisą skystį.

c) Blynų tešlą supilkite į didelį dubenį.

d) Įmaišykite ananasus ir mangus.

e) Leiskite tešlai pailsėti 5–10 minučių. Tai leidžia susijungti visiems ingredientams ir suteikia tešlai geresnę konsistenciją.

f) Nelipnią keptuvę ar groteles gausiai apšlakstykite augaliniu aliejumi ir pakaitinkite ant vidutinės-mažos ugnies.

g) Kai keptuvė įkaista, supilkite tešlą naudodami ¼ puodelio matavimo puodelį ir supilkite tešlą į keptuvę, kad pagamintumėte blyną. Naudokite matavimo taurelę, kad padėtumėte formuoti blyną.

h) Kepkite, kol šonai bus sustingę, o viduryje susidarys burbuliukai (apie 2–3 minutes), tada apverskite blyną.

i) Kai blynas iškeps iš tos pusės, nukelkite blyną nuo ugnies ir padėkite ant lėkštės.

IŠVADA

Blynai ir blynai yra ne tik skanūs, bet ir puikus būdas pradėti dieną. Kadangi galima rinktis iš daugybės variantų ir ingredientų, juos galima pritaikyti pagal bet kokį skonį ar dietą. Tad kodėl gi neišbandžius naujo recepto ir nepasimėgavus skaniais ir sočiais pusryčiais ar priešpiečiais?

Milton Keynes UK
Ingram Content Group UK Ltd.
UKHW020204230823
427286UK00017B/725